JN161046

増補版 道の駅／地域産業振興と交流の拠点

関満博
seki mitsuhiro
酒本宏
sakemoto hiroshi
編

新評論

増補版に寄せて

本書『道の駅／地域産業振興と交流の拠点』の初版を公刊したのは二〇一一年七月五日、東日本大震災（二〇一一年三月一一日）のおよそ四カ月後のことであった。震災の頃は編集の最終局面に入っていた。編者の関は岩手県釜石市で被災し、避難所に一泊した後、翌一二日早朝には釜石から国道二八三号で花巻に向かった。このルートには、道の駅が三カ所あるのだが、いずれも開いていなかった。

その後、四月末から被災地に向かったのだが、海岸に近かった岩手県宮古市の「みやこ」、陸前高田市の「高田松原」、宮城県気仙沼市の「大谷海岸」、福島県いわき市の「よつくら港」の四カ所は津波によって完全に破壊されていた。他方、それらより少し高台にあった道の駅は被災直後から一次避難所的な役割を果たし、被災者の支援、食料供給等に従事したことが報告されている。二〇〇四年一〇月の中越地震の頃から道の駅の「防災機能」が注目されていたのだが、大半の道の駅では自家発電もなく、トイレも使えなくなるなどの問題を生じさせた。このような、道の駅と東日本大震災との関連については、別著（関満博・松永桂子編『震災復興と地域産業３ 生産・生活・安全を支える「道の駅」』新評論、二〇一三年六月）に取りまとめてある。

震災直前の二〇一一年三月三日の道の駅の登録数は九七〇カ所。その後も登録が増え、二〇一五年一一月五日時点で一〇七九カ所となっている。当初は道路利用者のための「休憩機能」、道路利用者と地域の人びとのための「情報発信機能」、道の駅を核とした地域の町どうしが連携する「地域の連携機能」の三つが意識されていたのだが、その後、地域の農産物や加工品の直売といった「地域産業振興の機能」が加わり、さらに震災により「防災機能」が強く意識されるものになってきた。

本書を刊行してから五年、「道の駅」に関するガイドブックは大量に刊行されてきた。しかし、地域の経済・社会にとっての意義を意識して書かれたものは本書以外になく、品切後は少なからぬ増刷の要請の声もあった。震災を挟むこの五年の変化は大きいことから、その後の動きを含めた補論を付け、増補版の形で改めて公刊することにした。この五年の間に登場してきたテーマは、「東日本大震災以後の防災拠点としての意味合いの強まり」であり、そして、日本、特に「地方の人口減少、高齢化への対応」ということになろう。

二〇一六年五月

編者代表　関　満博

本書で採り上げる10地域の「道の駅」基本情報

＊ 駅名の後ろの番号は、都道府県内での登録順による道の駅番号。

＊ Pは駐車場の詳細。普＝普通車、小＝小型車、大＝大型車、障＝身障者用の駐車台数を示す。

＊ 施設の営業時間・定休等は季節などで変更される場合があるので、必ず事前に各駅に問い合わせを。

1章

あぐり窪《くぼ》川《かわ》 高知県14

高知県高岡郡四万十町平串284-1
📞0880-22-8848
P 普59　大3　障3

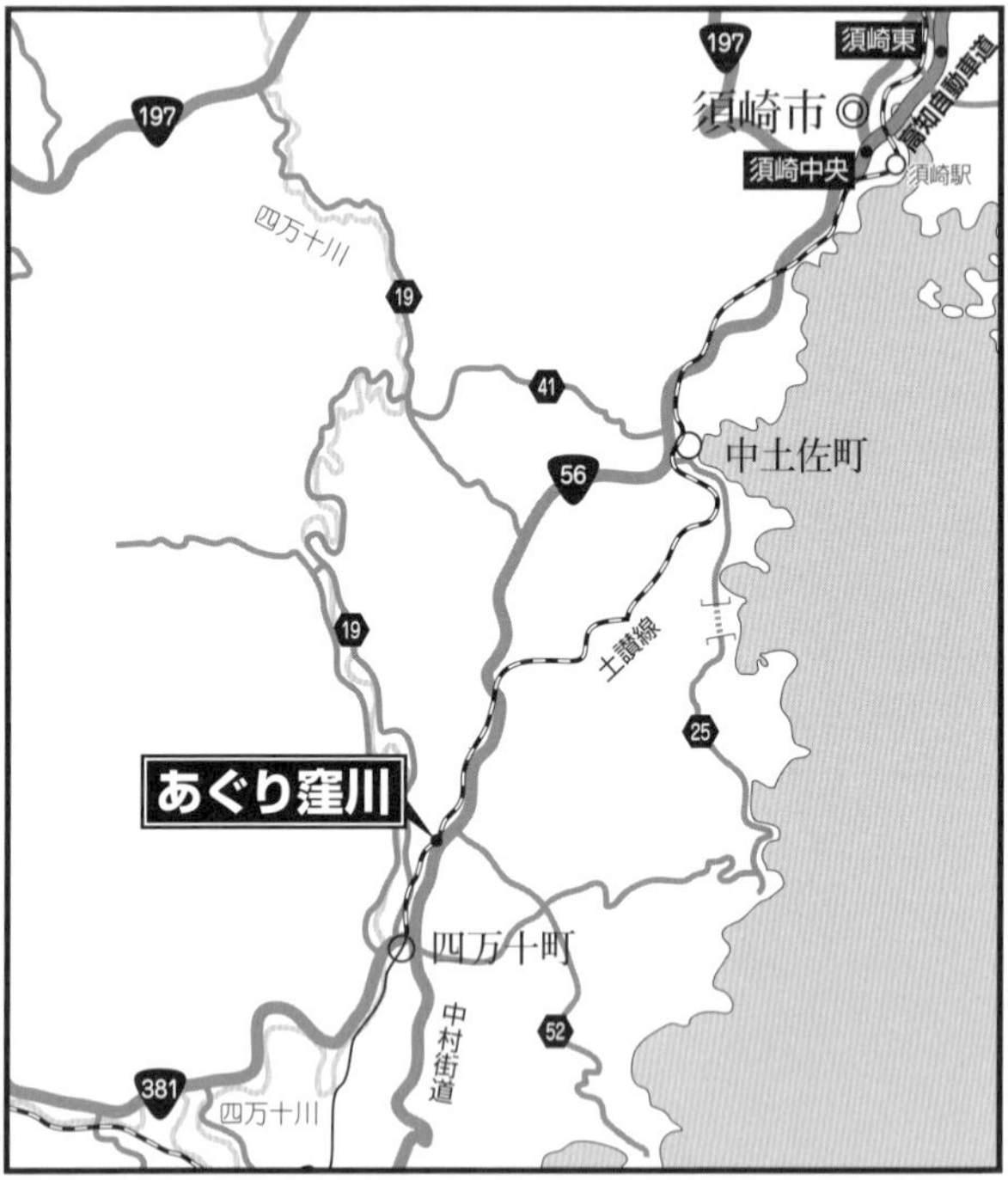

食 窪川ポークをたっぷり使った豚まん、四万十の味を盛り込んだ「四万十まるごと膳」、地元天然ウナギの鰻丼など

直売・土産 豚まんセット、きな粉大福、仁井田米「十和錦」、乾ししいたけなど

特産品販売コーナー：8：00～20：00（冬期は19：00まで）
フリーマーケット：8：00～17：00
みるく工房（アイスクリーム）：8：00～18：00
レストラン風人：8：00～20：00（OS19：30／冬期は19：00まで、OS18：30）

2章

むなかた 福岡県10

福岡県宗像市江口1172
☎0940-62-2715
P 普152　大6　障4

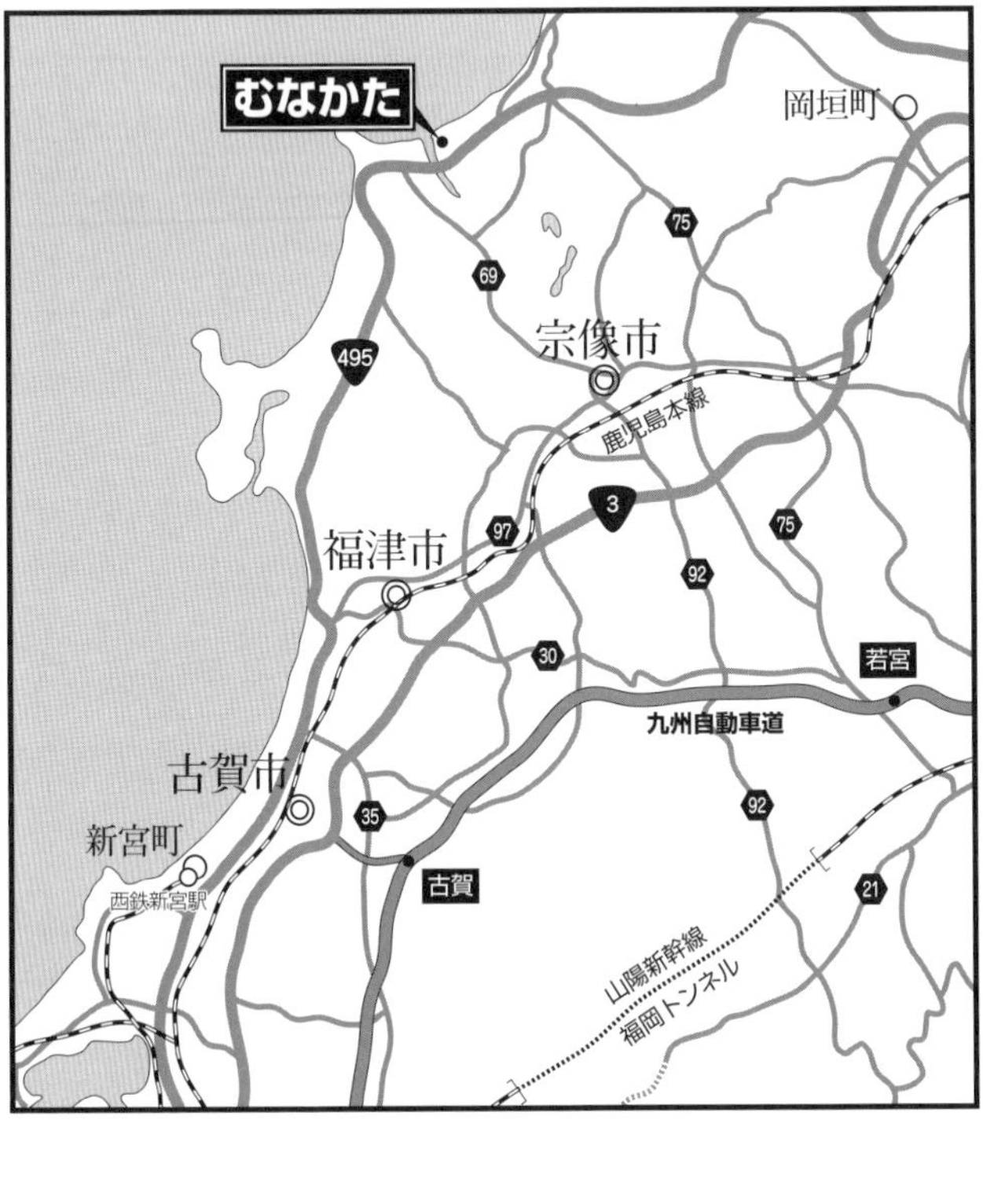

食 地元産の新鮮な食材を使った漁師料理・農家料理など

直売・土産 鮮魚、「むなかた季良里」ブランドの海産物、日本酒、フルーツを使った菓子、味噌、ジャム、漆塗り製品など

宗像市観光物産館：8：30～18：00（10～5月は9：00から／第4月曜定休）
おふくろ食堂「はまゆう」：11：00～15：30（第4月曜定休）

思川《おもいがわ》 栃木県14

栃木県小山市大字下国府塚25-1
☎0285-38-0201
P 普153　大29　障3

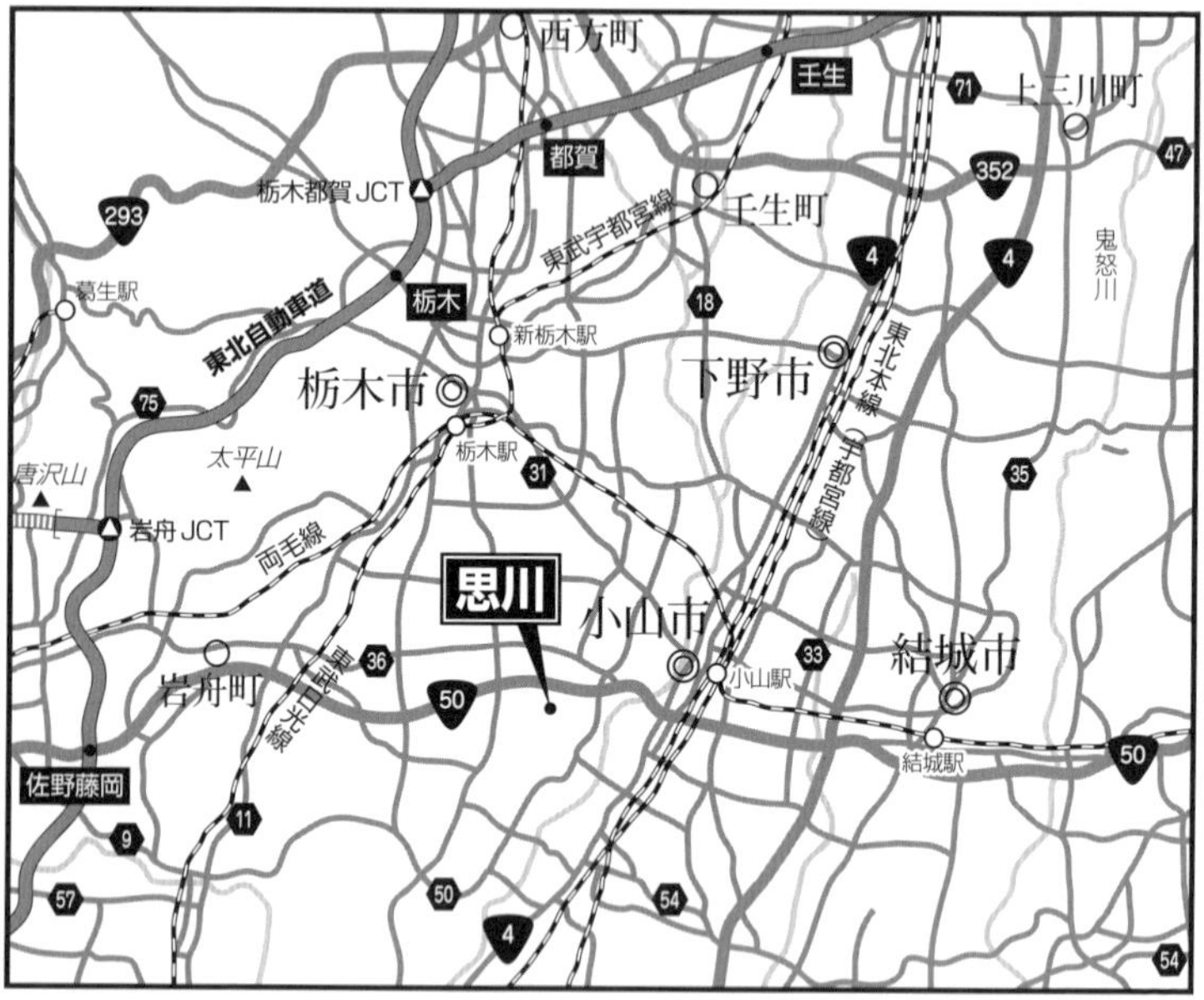

食 はとむぎ、古代米、とちおとめなどのジェラート、小山コロッケ、小山和牛寿司など

直売・土産 納豆、おからケーキ、漬物、ジャム、ジュース、野菜、漬物、清酒など

小山物語館：9：00～19：00（11～2月は18：30まで）
レストランSAKURA：11：30～21：30（土日11：00から）
小山評定館：9：00～21：00

4章

川《かわ》場《ば》田《でん》園《えん》プラザ　群馬県6

群馬県利根郡川場村大字萩室385
0278-52-3412
P 小250　大10　障2

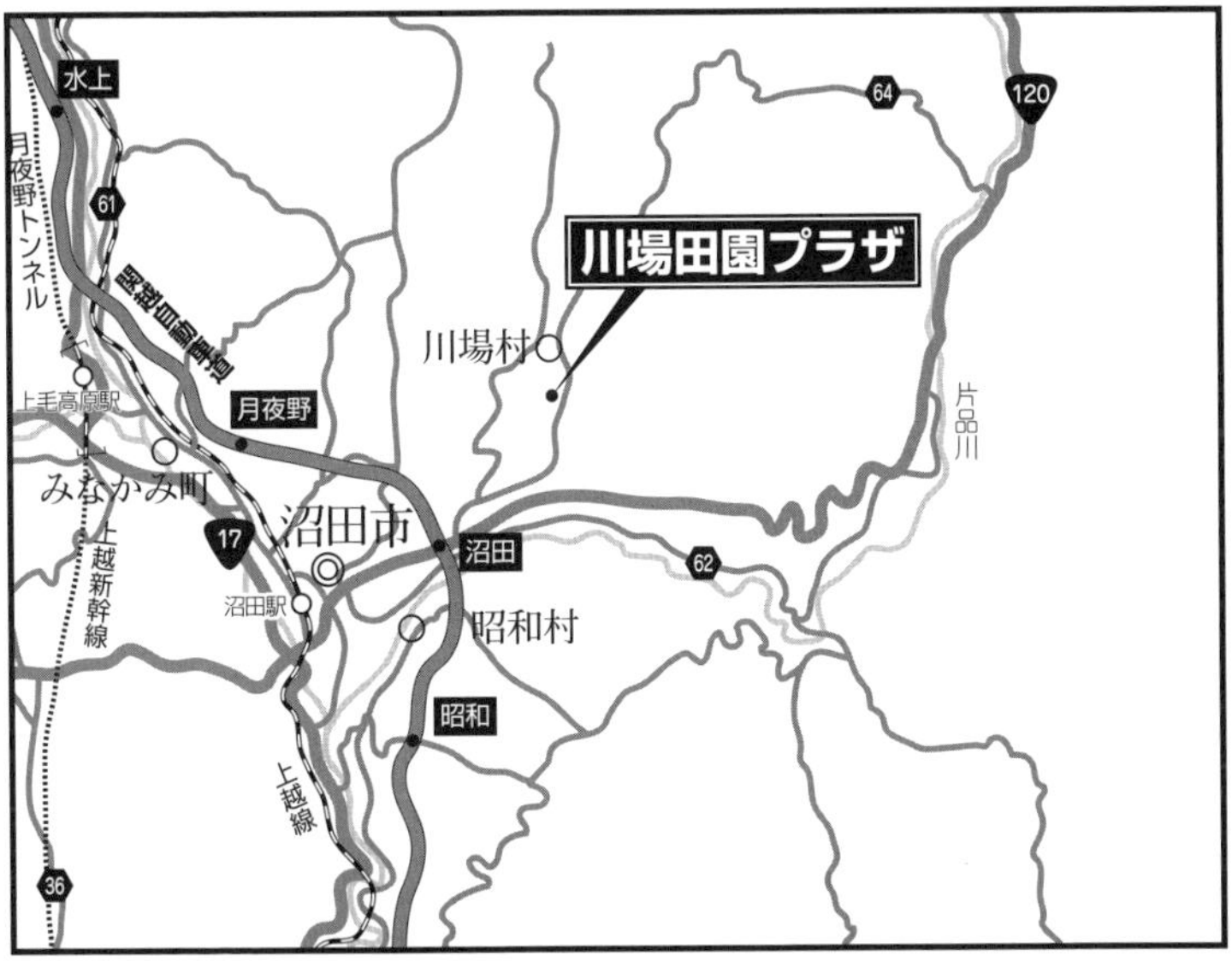

食 飲むヨーグルト、地元産リンゴのアップルパイ、地粉の手打ちそば、地粉の焼き菓子「おばあちゃん焼き」など

直売・土産 地元米「雪ほたか」、川場ビール、ブルーベリー、ミート工房のハム、ソーセージなど

ファーマーズマーケット・物産館：9：00〜18：00
ミート工房：9：00〜17：00（火曜定休）
川場ビールレストラン武尊：昼食11：30〜14：30／軽食喫茶14：30〜17：30／夕食18：00〜21：00（水曜定休）
そば処虚空蔵：11：00〜15：00（土日祝18:00まで）（木曜定休）

5章

ライスランドふかがわ　北海道71

北海道深川市音江町字広里59-7
☎0164-26-3636
P 普71　大7　障2

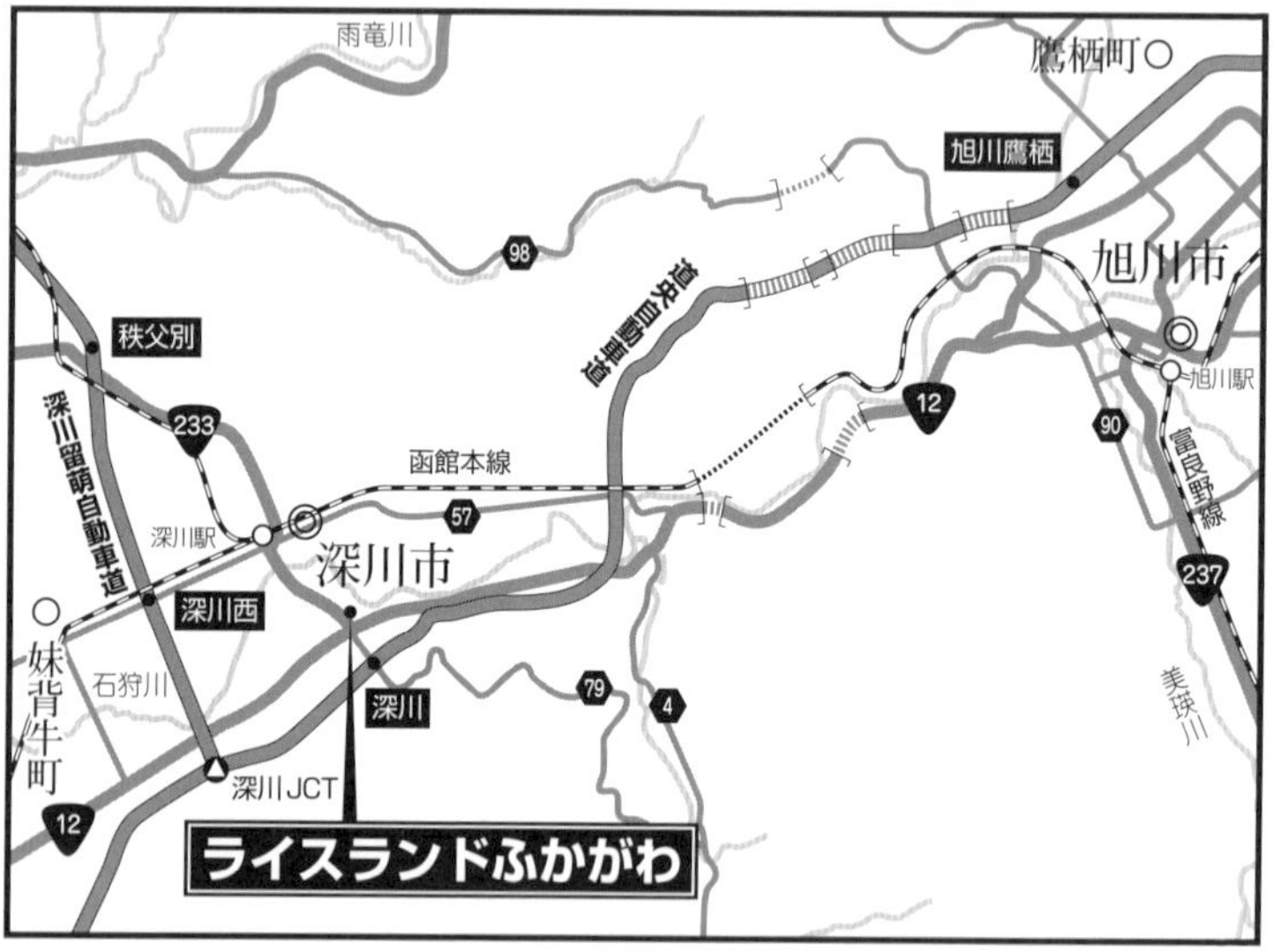

食 手作りおにぎり、地元の米とそばを使った「深川そばめし俵むすび」など

直売・土産 深川産米「ほしのゆめ」「きらら397」、こめ油、黒米菓子「ふっくリング」「シャリシャリシフォン」、無添加・手作りの名物蒸し菓子「ウロコダンゴ」など

特産品販売コーナー：9：00〜19：00
農産物直売所：9：00〜19：00
精米体験コーナー：9：00〜19：00
味しるべ駅逓：11：00〜21：00
テイクアウトコーナー：9：00〜19：00

6章

舞《まい》ロードIC千代田　広島県12

広島県山県郡北広島町有田1122
☎0826-72-0171
P 普116　大12　障5

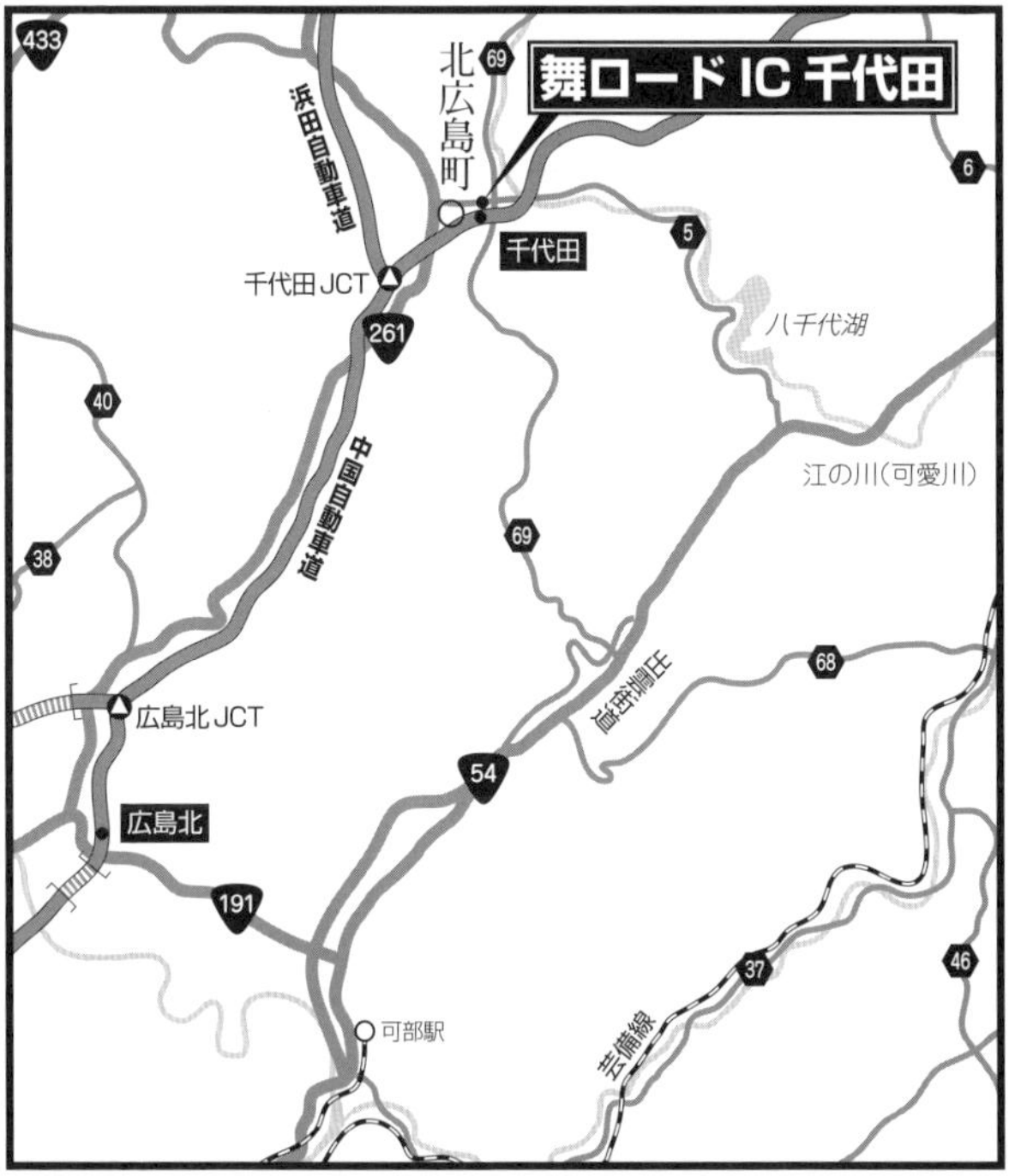

食 地元食材の田舎料理、田舎寿司、豆腐、ポン菓子、ケーキなど

直売・土産 新鮮野菜、地元大豆「サチユタカ」の味噌、どぶろく、赤シソふりかけ「ゆかり」、トマトケチャップなど

売店：9：00〜18：00

7章

いながわ 兵庫県22

兵庫県川辺郡猪名川町万善字竹添70-1
072-767-8600
P 普84　大6　障2

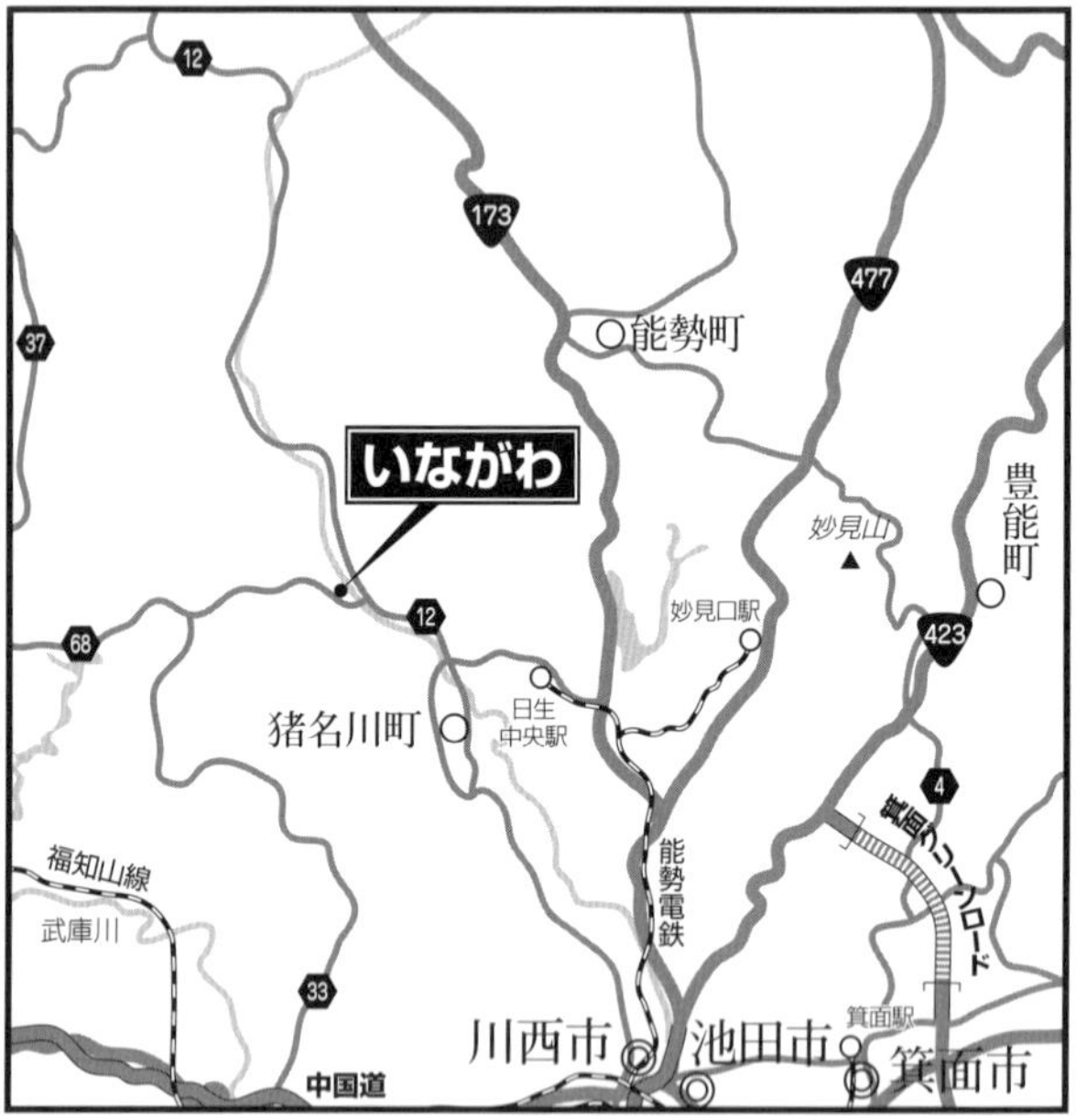

食 十割そば、地元野菜の手巻きずし「いなっこ巻き」、焼き菓子「いなぼう焼き」など

直売・土産 手作り味噌、新鮮野菜、ポン菓子、こんにゃくゼリー、猪肉はるさめなど

農産物販売センター：9：00～17：00（水曜定休）
食事処そばの館：10：00～17：00（水曜定休）
そば道場：要予約
地域農業情報センター：9：00～18：00（12～3月は17：00まで／水曜定休）

8章

豊《とよ》栄《さか》 新潟県1

新潟県新潟市北区木崎3644-乙
025-388-2700
P 普118　大34　障1

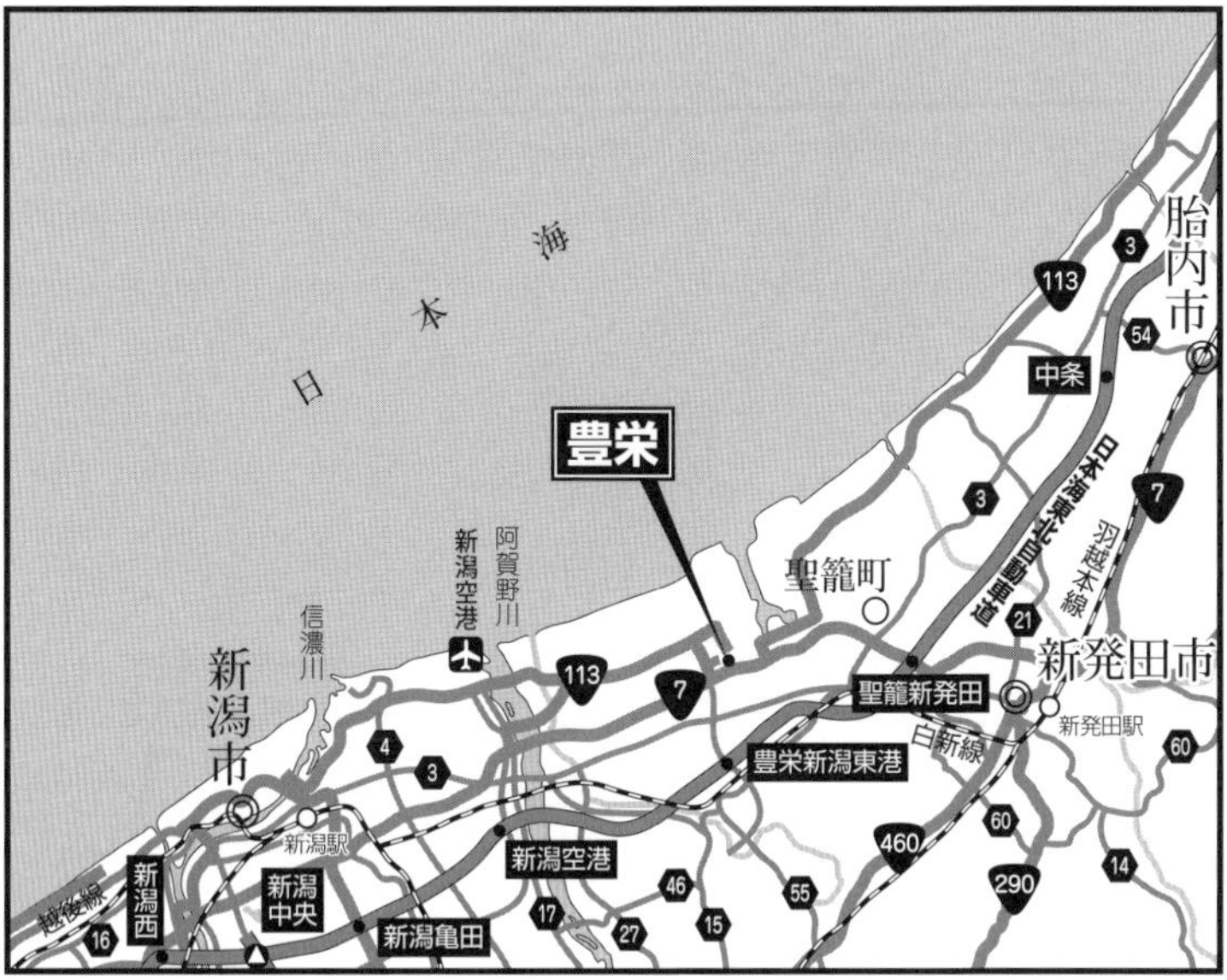

食 新潟米おにぎり、ダチョウの卵を使った菓子「だちょうのたまご」など

直売・土産 新潟産コシヒカリ、地元野菜、果物、地元産大豆の揚げ菓子「豆天」など

売店：7：00～19：00
軽食堂：7：00～19：00

9章

遠《とお》野《の》風《かぜ》の丘《おか》 岩手県17

岩手県遠野市綾織町新里
第8地割2-1
☎0198-62-0888
P 普168　大14　障3

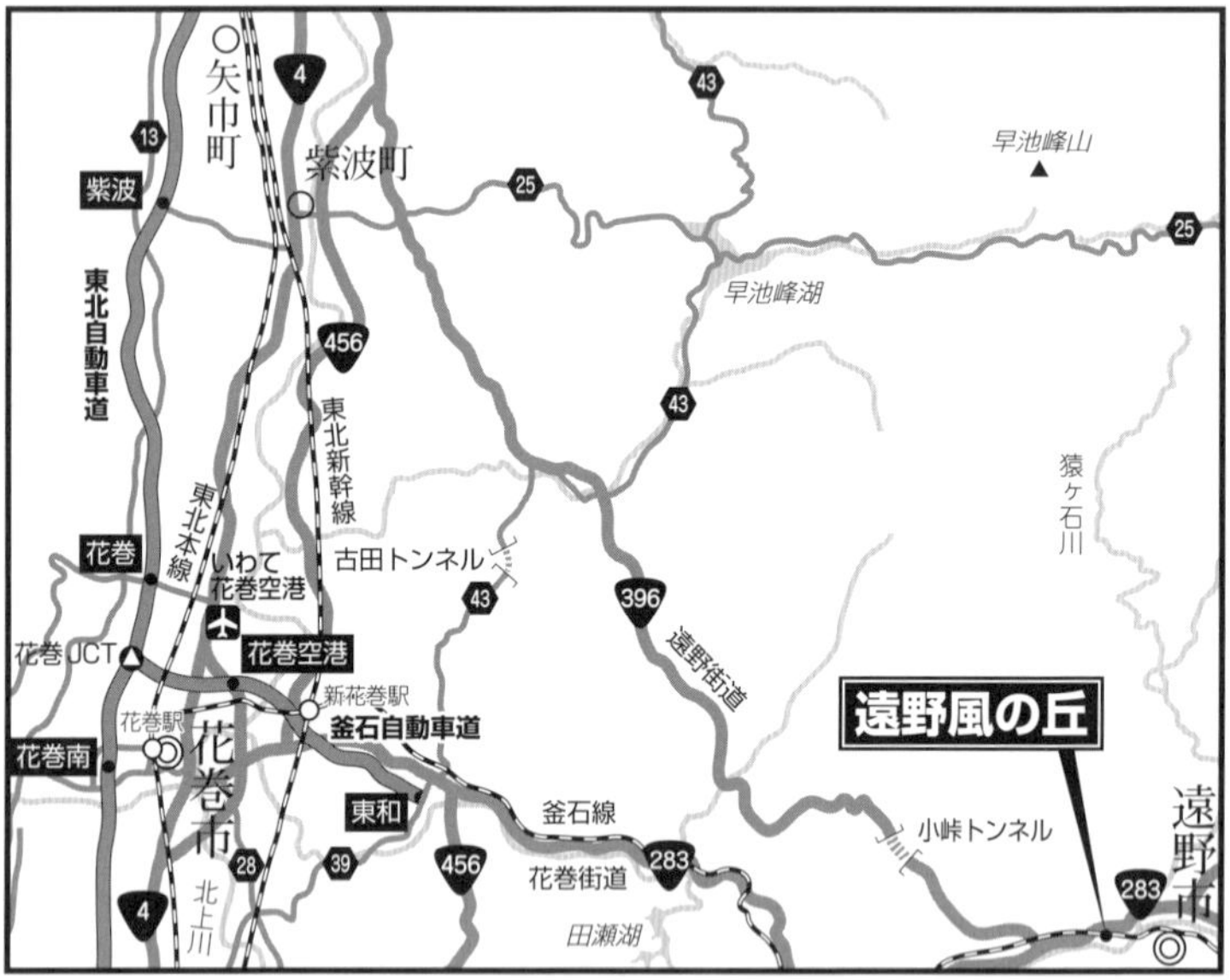

食 そば、おでん、米粉とクルミで作る焼き餅「かねなり」「きりせんしょ」、ソフトクリームなど

直売・土産 「多田克彦の店」の乳製品（牛乳、飲むヨーグルト、チーズケーキ、プリン他）、漬物など

物産ホール：8：00〜19：00（10/16〜3/31は8：30〜17：30）
レストラン「風車」：11：00〜19：00（10/16〜3/31は17：30まで）

10章

頓原《とんばら》　島根県2

島根県飯石郡飯南町花栗48
☎0854-72-1111
P 普40　大8　障3

赤来高原《あかぎこうげん》　島根県11

島根県飯石郡飯南町下赤名880-3
☎0854-76-2007
P 普18　大3　障1

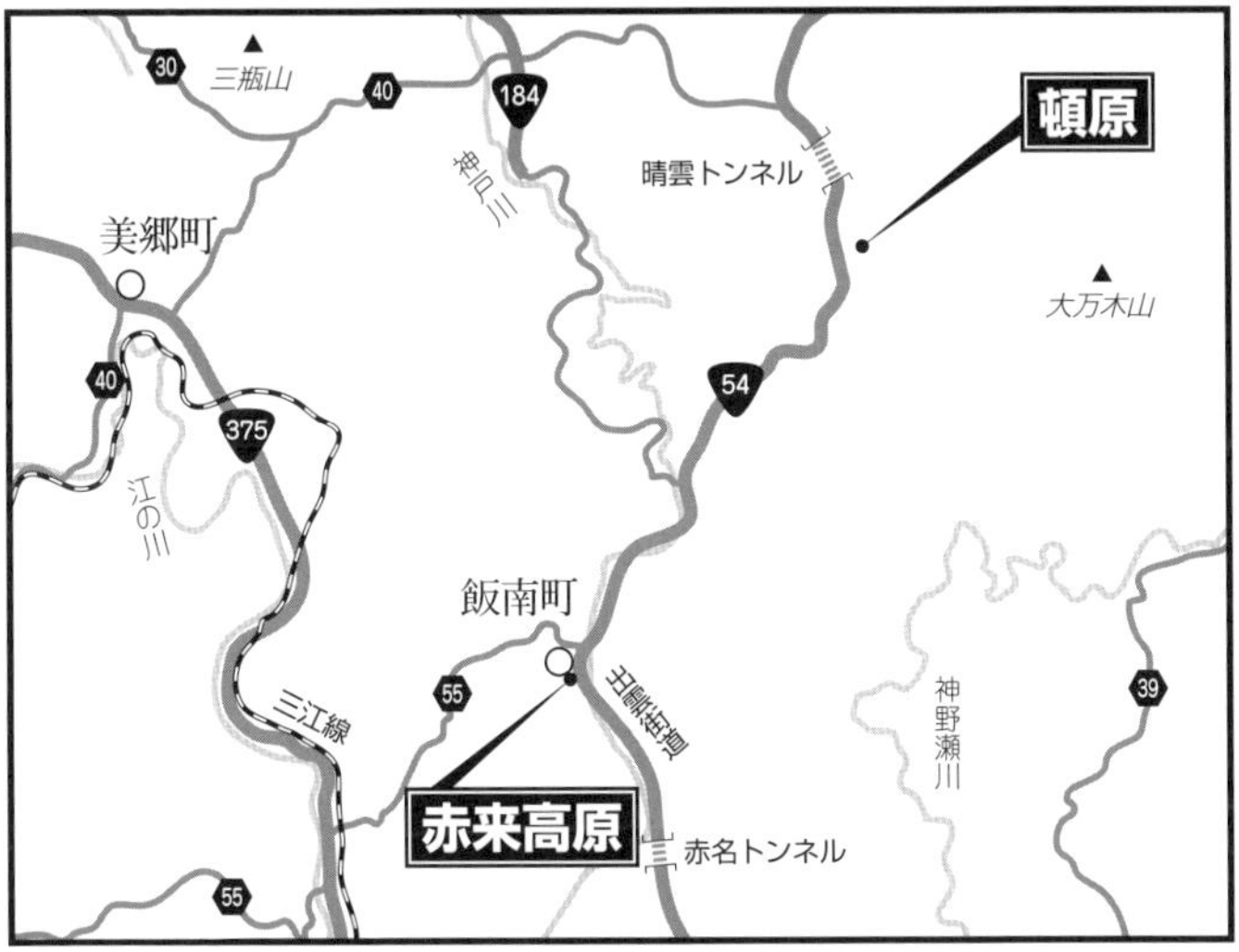

食 ヤマメ定食、地元牛乳のアイスクリームなど

直売・土産 新鮮野菜、頓原漬け、頓原味噌、おはぎ、おこわなど

レストハウスやまなみ：
9：00～19：00（11～3月 は18：00まで／木曜定休）
常設産直市「ぶなの里」：
8：00～17：00（第3木曜定休）

食 地元野菜をたっぷり使った洋風ランチ、パン、ピザなど

直売・土産 新鮮野菜、やまといも、りんご、ヤーコン、イノシシ肉加工品など

特産品コーナー：9：00～18：00（水曜定休）
薬膳レストランRowan：
9：00～17：00（水曜定休）
フラワーアレンジメント体験ができる「花工房」：
9：00～16：30（要予約／水曜定休）
パン作り体験ができる「パン工房」：
10：00～15：30（要予約）
常設産直市「ぼたんの郷」：
8：30～17：00（水曜定休）

はじめに

現在、全国の至る所に「道の駅」が設置され、クルマで移動する人びとに幅広く利用されている。国土交通省によって登録されている道の駅は、二〇一一年三月三日現在、全国で九七〇カ所を数える。

国土交通省によると、道の駅に期待される基本的な機能は、道路利用者のための「休憩機能」、道路利用者や地域の人びとのための「情報発信機能」、地域の町どうしが連携する「地域の連携機能」の三つとされる。そして、より具体的には二四時間利用できる駐車場、トイレ、電話が備えられ、さらに、地域の情報センター、レストラン、お土産屋、そして、最近では地域の農産物の直売所などが基本的な構成要素となってきた。道の駅もスタート以来、時を重ねるにしたがい、地域の実態に合わせながら刻々と深く進化し続けているようにみえる。

以前は、高速道路のサービスエリアに限りなく似ており、駐車場とトイレ、そして、お土産屋と簡易な飲食施設しか目にとまらなかったが、その後、経験を深めるにしたがい、地域の特色が強く表現されるものになってきた。高速道路のサービスエリアは通過客の休憩所にすぎず、地域との接点は乏しい。この点、道の駅は地域への入り口なのであり、一筋道を曲がれば地域に深く入っていくことができる。道の駅は高速道路のサービスエリアとは根本的に意味が異なってきた。

この点を象徴するのが、農産物の直売や郷土の伝統食、伝統菓子の提供であろう。そこには地域の人びとが登場し、道の駅に停泊する人びとと深い交流を開始していくことになろう。通過するはずの幹線道路に浮かぶ道の駅は、地域に新たな可能性をもたらし、地域の人びとと他所の人びととの交流拠点としての意味を深めている。

特に、農産物の直売所は当初、不定期に道の駅の軒下やテント張りの中で行われていたものだが、現在では道の駅の主要な要素となり、多くの利用者を惹きつけていることが象徴的であろう。農産物生産者と利用者が交流を重ね、お互いに新たな認識を得る場となっている。このような積み重ねにより、近年新たに設置される道の駅の場合は、屋内のかなりのスペースを農産物直売用として用意していることが少なくない。

また、地域の特産物への関心が深まるに従い、お土産品部門も地域の加工品が目立つものになり、屋外では伝統食、郷土菓子などの実演販売が行われるようになってきた。道の駅も道路利用者のトイレ利用というレベルから、次第に地域を楽しむものへと進化しているようにみえる。それは、道の駅が「地域との出会いの場」として深まってきたことを意味していよう。

事実、道の駅の農産物直売所に出荷することを通じて生産者が勇気づけられ、また、道の駅

本書で採り上げる「道の駅」のある10地域

のレストランで郷土食を提供することにより、農村で新たな事業化が進められたなどの事例が報告されている。まさに、道の駅は道路利用者の利便性の改善から出発し、現在では、利用者と地域との「出会いの場」、さらに、地域の人びとが「勇気づけられる場」として高まってきているのであろう。

これまで私たちは、農村や中山間地域の活性化を促すものとして、「農産物直売所」「農産物加工」「農村レストラン」の三点セットというべきものに注目してきたが、近年、道の駅がその総合的な受け皿となってきた。特に、道の駅は幹線道路沿いという交通利便性に富んだ場所に設置される場合が多く、集客力に優れている。そこで農村、中山間地域の人びとは多くの人びとと出会い、新たな認識を得、大きな可能性に向かって一歩を踏み出そうとしていることはまことに興味深い。

道の駅の第一回目の登録が一九九三年四月二二日、以来、一八年を経過している。その間、道の駅は次第に進化し、地域産業の振興のための交流拠点的な意味を強めてきた。さらにこれからも、そのような意味を深めていくのであろう。

そのような点を意識し、本書は全国九七〇カ所の道の駅の中から、地域的な配置等を考慮し一〇カ所の道の駅を採り上げていく。そして、その検討を通じて、道の駅とは何か、地域産業振興とどのように関わっていくのか、そして、これからの進化の方向はどのようなものかをみていくことにしたい。日本各地の取り組みから、私たちは次の時代に向けた新たな可能性を痛感していくことになろう。常に進化している道の駅は、農山村や中山間地域ばかりではなく、日本社会全体の明日に深く希望を与えるものになっているのである。

ところで、本書の編集作業が佳境に入った二〇一一年三月一一日、東日本大震災が発生した。被災した人びとはたいへんな苦労を背負っていく。避難場所の確保、水や食糧の確保、被災情報、交通情報その他の情報収集と発信。このような課題が一気に噴出する中で、被災各地に設置されている道の駅が興味深い役割を演じていった。

一時避難場所、食糧や水の備蓄基地、情報の交流・発信の場として、また、全国流通が途絶える中で、地元農産物の提供の場として機能していった。さらに、支援のために訪れる自衛隊やNPO、ボランティアの人びとの休憩場所としても重要な役割を果たしていった。道の駅は重要な一般国道に適宜配置されていることから、支援に向かう人びとや地元の人びとにとってもその利便性の高さが痛感された。防災拠点としての意味を深めていたのである。

このような点は二〇〇四年の中越地震の際にすでに注目され、今回改めてその役割の重要性が認識された。今後さらに検証されていくことが必要であろう。道の駅は経験を重ねるにしたがい、新たな役割が期待されるものになっているのである。

なお、本書を作成するにあたり、今回も多くの人びとから多大な協力をいただいた。訪れた道の駅の現場を担っている人びとからは大きな「勇気」をいただいた。ここを起点にさらに新たな「現場」で語り合えることを願っている。最後に、本書の作成のキッカケを作っていただいた日本地域開発センターの吉成雅子さん、そして、編集の労をとっていただいた新評論の山田洋氏、吉住亜矢さんに深く感謝を申し上げたい。まことに有り難うございました。

二〇一一年五月

関　満博
酒本　宏

道の駅／地域産業振興と交流の拠点　目次

第Ⅰ部　地域の産業・交流拠点として進化する「道の駅」

第Ⅱ部　地域の特性を深める「道の駅」

序章　「道の駅」それは地域産業振興と交流の拠点

関　満博

一九九三年四月二二日に第一回目の登録が行われ、一〇三カ所の「道の駅」が誕生した。その後、毎年数回の登録が行われ、二〇一一年三月三日の第三五回の登録（一八カ所）により、現在、全国に九七〇カ所の道の駅が展開している。二〇〇七年四月に東京都八王子市の道の駅「八王子滝山」(1)が開設され、これで四七都道府県全部に道の駅が設置されたことになる。

高速道路には以前からパーキングエリア、サービスエリアなどがあり、トイレ、休憩が可能であったが、モータリゼーションが急速に進んできたのにもかかわらず、一般道にはトイレも休憩する場所もないという事情から、「道の駅」が提案され、推進されてきた。世界的にも先例がなく、日本の道路交通上の事情と地域の事情とが深く関連しながら独自なものとして生まれ、さらに進化していることが注目される。

特に重要な特徴として、道路管理者である国（国土交通省）と地方公共団体による共同事業であり、さらに、具体的な運営には地域の多様な人びとが関わっている点が指摘される。そして、そこは訪れる人びとと地域の人びととの「出会いの場」となり、さらに、地域の人びとが連携し「勇気づけられる場」「認識を拡げていく場」として重要な役割を演じつつある。まさに、地域の「産業拠点」、人びとの「交流拠点」、そして地域間の「連携拠点」としての意味を帯びつつある。世界銀行も日本の道の駅に注目し、「ＭＩＣＨＩＮＯＥＫＩ」として、二〇〇四年には世界に紹介する『道の駅のためのガイドライン（*Guidelines for Roadside Stations "Michinoeki"*）』を発行しているのである。

「道の駅」については多様な議論が可能だが、本書は「地域産業振興と道の駅」という視点から、道の駅の意義を振り返り、さらに全国の各地で展開されている道の駅の実態を眺めながら、その現状と今後に期待されるものを論じていくことにしたい。

なお、本書の序章となるこの章では、「道の駅の歩みと現状」「道の駅と地域産業振興」を意識し、さらに本書の各章で論じられる行論の行方を提示していくことにしたい。

一　「道の駅」の始まりの頃

道の駅の登録が開始される少し前の頃から、いくつかの地域では事実上、現在の道の駅に近い機能を備えた施設が設置されていた。例えば、一九八八年一一月に、新潟県豊栄市（現新潟市北区）に当時の建設省により国道七号に沿って「新新バイパス豊栄道路情報ターミナル（現道の駅豊栄）」が設置されている。また、島根県掛合町（現雲南市）が「ふるさと創生事業」の一環で、一九九〇年三月にドライブイン的なものとして「掛合の里」を設置している。この「掛合の里」は、後にみる「中国・地域づくり交流会」が参考として視察したものとしても注目される。

これらを「道の駅の発祥」としている場合もあるが、日本経済の成熟が意識された一九八〇年代後半には、社会的な雰囲気としてこのような機能の必要性が高まっていたのではないかと思う。ここではまず、社会現象としての「道の駅」が産まれてきた背景と、その後の流れ、その目指していたもの等をみていくことにする。

「道路に駅があってもいいのでは」

一九九〇年一月二七〜二八日にかけて、広島市で参加者三〇〇人ほどの「地域づくりシンポ&交流会」が、中国地域づくり交流会の主催で開催された。その中の一つの「道路部会」で、山口県阿東町の坂本多旦《かずあき》氏（有）船方総合農場代表）が、「鉄道に駅があるように道路に駅があってもいいのではないか」と発言されたと記録されている。(2)

この会合の総合司会には、特定非営利活動法人地域交流センター理事（当時、前身の地域交流センター代表）の田中栄治氏（一九四三年生まれ）が就いており、当時の建設省道路局の徳島征二氏も参加していた。「これは良い提案」ということになり、本省に持ち帰り、社会実験をしようということになった。

『「道の駅」ってなぁーに？』

その社会実験のリーフレット『「道の駅」ってなぁーに？——道から美地へ——道の駅の実験のご案内』（一九九二年）には、「ここは楽しいふれあいの『道の駅』」という関係者の「思い」のこもった魅力的な「案内文」が掲載されている。少し長いが、そのほぼ全文を紹介しておこう。

「車で移動するとき、多くの人が困るのが**トイレ**です。年をとると、急がずにゆっくり走って、途中で疲れを取り戻す休憩場所が欲しくなります。車の中の**ごみ**も何処かへ捨てたくなります。用事を思い出して**電話**を探すことも多いでしょう。時として、FAXを送れるところがないかと、沿線の文房具屋を探したりもします。

家族で旅行をしている時は、どこか楽しい場所はないか、予定なしで出てきて良い宿はないかと尋ね歩くこともあるでしょう。おみやげに何か地域の良い**特産品**はないかと探すことも多いと思います。

ところで、車で走っていると、いつの間にか町を通り過ぎて、そこがどこなのか気がつかないことも多いものです。もし、面白い町の**情報**があれば、誰かに会いにいくかもしれません。……町が気に入れば一泊するかもしれません。

こんなドライバーの気持ちをうけて、一つの町に一つの『**道の駅**』をつくってみたいと考えました。そこには、きれいな**トイレ**、**ごみ容器**、**休憩施設**、**電話**、**FAX**、**特産品**の紹介コーナーなどがあるのです。

さらにできれば、地元のオシンコをつまみ、お茶を飲みながら地元話が聞けるような**情報センター**をつくりたいものです。きっと楽しい交流の場となるでしょう。……。

そして、同じ道路沿いの市町村が連携して、個性ある道の駅を連続させたら、運転手も助かるし、その道路沿線地域全体のまちづくりにも随分役立つことでしょう。気に入った人は、その地域に住みたくなるかもしれません。」

全国三地域で社会実験

このような考え方に基づき、一九九一年一〇月から一九九二年七月にかけて、栃木県（河内町、上三川町、南河内町）、岐阜県（古川町、国府町、丹生川村、久々野町、下呂町、加子母村、付知町）、山口県（阿武町、田万川町）の一二カ所で社会実験が行われた。田中氏をはじめとする関係者が、実施に向けて付き合いのあった役場などを口説きに回ったとされている。

表序―1　道の駅社会実験の概要

地域	市町村	施設・場所	交通量（台）	面積 m^2 / 駐車台数（台）	建物 既設	建物 仮設	建物 内容	トイレ	ごみ箱	電話機	FAX	特産品	食堂	自販機	運営主体・協力者
山口県	阿武町	沢松海岸 （道の駅予定地）	4,000〜5,000	3,000 100		○	テント　4	○ レ	○	○	○	○ テ3	×	○	•役場・商工会 •漁協・農協 •阿武町産業開発協会
山口県	田万川町	町のはずれの 市味地区		1,600 100		○	テント　8	○ レ	○	○	○	○ テ7	×	○	•役場 •漁協・農協 •商工会・婦人会
岐阜県	古川町	グローブル 株式会社用地	10,000〜14,000	1,000 10		○	民間施設 テント　1	○ レ	○	○	○	○ テ1	×	×	•役場 •民間企業１社
岐阜県	国府町	広瀬町諏訪ノ前 農協用地		2,717 100		○	プレハブ テント　3	○ 既	○	○	○	○ テ2	×	○	•役場 •農協・商工会 •観光協会
岐阜県	丹生川村	158号線・ 緑化センター （役場裏・農協 スタンド）	4,000	2,200 100		○	プレハブ　3 テント　1	○ 既	○	○	○	○ プ1	×	○	•役場・森林組合 •農協・観光協会 •商工会・野菜出荷組合
岐阜県	久々野町	女男滝公園 （公園全体）	10,000〜14,000	6,000 60	○		既存施設	○ 既	○	○	×	○ 既1	○	○	•役場 •なぎさ観光組合
岐阜県	下呂町	下呂トンネル 南交差点・ 黒木医院前		2,117 30		○	お土産屋 プレハブ　1 テント　1	○ レ	○	○	×	○ 既1	×	○	•役場 •観光協会
岐阜県	加子母村	ゆうらく館	7,000〜8,000	1,200 15	○		既存施設 テント　3	○ 既	○	○	×	○ テ1 既1	×	×	•役場 •ゆうらく館 （木曽谷産直組合）
岐阜県	付知町	花街道センター		6,000 200	○		既存施設 テント　3	○ 既	○	○	×	○ テ2 既1	○	○	•役場 •花街道センター （付知町振興公社）
栃木県	河内町	下岡本	33,000	1,000 20		○	プレハブ　1 テント　2	○ レ	○	○	×	○ テ2	×	○	•役場 •ボランティアグループ
栃木県	上三川町	日産自動車前 （拡幅予定地）	30,000	2,950 80		○	プレハブ　3 テント　4	○ レ	○	○	×	○ テ4	×	○	•役場・農協 •市民グループ２ •民間企業４社
栃木県	南河内町	薬師寺南交差点		2,000 100		○	プレハブ　2 テント　7	○ レ	○	○	×	○ テ6	×	○	•役場 •農協・酪農組合 •民間企業２社

※レ：レンタル、既：既存施設、テ：テント、プ：プレハブ
資料：特定非営利活動法人地域交流センター

施設は既設の物産館などを使う場合もあったが、栃木県の場合はプレハブやテントを建てて行った。期間はそれぞれ一～二カ月ほどであった。この時からすでに「道の駅」の看板を掲げていた。

実験の概要は**表序―1**の通りだが、いずれもトイレ、ごみ箱、電話機、FAXは基本であり、特産品、食堂については、各地の事情にあわせて展開した。運営主体・協力者は、町村役場、商工会、漁協、農協、婦人会、観光協会、森林組合、市民グループ、ボランティアグループ、民間企業など多岐にわたるものであった。

実験後の関係者の意見は、以下のように積極的なものが多かった。

国府町　実験体制は農協・商工会・観光協会等の各種団体の協力があり盛り上がった。一九九二年度の実施に関しては、（実験の）ノウハウ（野菜の直売など）を活かして積極的に取り組んでいけそう。

丹生川村　手作りの商品を住民が自主的に持ってきて販売するなどの動きもあった。

久々野町　公衆トイレの維持管理のためにチップトイレの実験を行ったが、利用者の約三五％の人がお金を入れた。これでトイレの維持に見通しがつき、実験終了後も続けている。

阿武町　実験の実施には農協・漁協・婦人会・産業開発協会等多くの主体が関わり、町内のコミュニティ活性化につながった。九二年度の実験終了後は、本格実施ということで、「道の駅」をスタートさせたい。

河内町 町の情報発信基地としての「道の駅」の可能性を確信できた。

上三川町 実際に多数の利用者があり、地元物産などが非常に好評であったことから、町の顔としての「道の駅」の設置意義大と確信できた。

南河内町 新鮮な野菜など地元の物産が飛ぶように売れるのを見て、設置の意義ありと確信することができた。

このように、各地で実施された社会実験を通じて、事業の意義と必要性が深く確信されたのであった。現在、振り返ってみると、当時から「野菜の直売」は大好評であったことがうかがえる(3)。

制度化への動き

以上の成果を受けて、一九九二年三月三〇日に東京で「美しく豊かな道づくり 道の駅からのアプローチ」というシンポジウムを開催している。当時の建設省も次の「第一一次道路五カ年計画」の一つの大きなテーマとし、九二年四月二四日に「道の駅懇談会」を設置、九二年七月に中間報告、一一月に提言を求めるという急ピッチな展開となった。

この懇談会によって整理された「道の駅の機能」は以下のようなものであった。[4]

「一般道路には。『ながれ』を支える『たまり』機能として、道路利用者がいつでも自由に休憩し、清潔なトイレを利用できる快適な休憩施設が求められている。（休憩機能）

一方、地域においては、人と人、人と地域との交流により、地域が持つ魅力を知ってもらい、地域振興が図れるよう、人・歴史・文化・風景・産物等の地域に関する情報を提供する場が求められる。（情報交流機能）

さらに、地域が一体となって『道の駅』をつくるとともに、地域と地域が道を軸として協力するなど、地域内及び地域間の連携の場となることも期待される。『道の駅』を契機とする広域的な連携と交流により、活力ある地域づくりが促進されることになる。（地域の連携機能）

これらの機能を担う施設は、駐車場・トイレ・案内所等の基本的なものから、公園・宿泊施設・歴史博物館といった高度なものまで、地域の状況に応じて個性豊かなものとなる。『道の駅』づくりに当たっては、地域の主体的な創意工夫が不可欠であり、地域と道路管理者との協力が重要である」としていた。

この時点で、「道の駅」の三つの機能とされる「休憩機能」「情報発信機能」「地域の連携機能」が提示されている。そして、「道の駅」の整備に関する役割分担は、**表序―2**のようにまとめられた。

表序―2　「道の駅」の考えられる施設と整備主体

機能区分＼整備主体	道路管理者	市町村・公益法人等
休憩機能	駐車場、休憩所、トイレ、園地	第2駐車場、トイレ、公園 レストラン、休憩所、宿泊施設
情報交流機能	道路情報提供施設	電話、FAX、各種情報施設、案内所、地域情報提供施設 物産館、郷土資料館、美術館 イベント広場、交流ホール・会議室等

資料：「道の駅」懇談会『中間のとりまとめ』1992年7月。

二　制度とその後の登録の状況

以上のような経緯を背景に、「道の駅」の制度が開始された。当初の登録には、市町村等が設置していた既設の物産館などが多かった。

また、この登録に向けて、『「道の駅」登録・案内要項』が定められている。その後、直近では二〇一一年三月三日に第三五回の登録が行われ、現在では全国で九七〇カ所となっているのである。

「道の駅」登録・案内要綱

ここでは、国土交通省道路局が提示する『「道の駅」登録・案内要綱』の概要を紹介しておく。なお、この『要綱』では、その目的を「この要綱は、一定水準以上のサービスを提供できる休憩施設を『道の駅』として登録し広く案内することにより、道路利用者の利便性の向上と施設の利用促進を図り、安全で快適な道路交通環境の形成並びに地域の振興に寄与することを目的とする」と記し、さらに、「道の駅」のコンセプトとしては、「地域の創意工夫により道路利用者に快適な休憩と多様で質の高いサービスを提供する施設で、基本的に次に掲げるサービス等を備える施設をいう」としている。

設置位置　休憩施設としての利用のしやすさ、「道の駅」相互の機能分担の観点から、適切な位置にあること。

施設構成　休憩目的の利用者が無料で利用できる十分な容量の駐車場と清潔な便所を備えるとともに、それらの施設及び施設間を結ぶ主要な歩行経路のバリアフリー化が図られていること。

利用者に多様なサービスを提供できる施設であって、道路及び地域に関する情報を提供する案内所又は案内コーナーがあるもの。

提供サービス　駐車場・便所・電話は二四時間利用が可能であること。

案内・サービス施設には、原則として案内員を配置し、親切な情報提供がなされること。

設置者　案内・サービス施設の設置者は市町村又は市町村に代わり得る公的な団体であること。なお、案内・サービス施設の管理または運営を市町村等以外のものが行う場合は、契約等により「道の駅」として必要なサービスが確保されるよう措置されていること。

配慮事項　女性・年少者・高齢者・身障者など様々な人の使いやすさに配慮されていること。施設計画は景観に十分配慮し、特に景勝地にあっては、地域の優れた景観を損なうことのないよう計画されていること。

以上のような条件を備え、申請者は申請書類を当該施設の近傍の一般国道又は都道府県道の道路管理者を経由し、これを道路局長に提出する。そして、要件が満たされていれば登録されていくことになる。「道の駅」の整備に関する事業制度としては「特定交通安全施設対策事業」が用意されており、道路管理者の行う自動車駐車場（簡易パーキングエリア）の整備（直轄事業・補助事業）として、駐車場、トイレ、道路情報ターミナル等の道路施設の部分を対象としている。

なお、実際の「道の駅」の設置に関しては、市町村と道路管理者が共同で進める場合と、市町村が単独で整備していく場合と大きく二つの場合がある。市町村単独の場合でも、「道の駅」のコンセプトを満たす施設であれば、整備・登録が可能である。

登録の状況

一九九三年四月二二日の第一回目の登録以来、二〇〇〇年までに六一〇カ所の登録となった。

表序—3 「道の駅」の全国の配置状況

区分	登録カ所	都道府県名
北海道	112	北海道（112）
東北	139	青森（27）、岩手（30）、宮城（12）、秋田（30）、山形（17）、福島（23）
関東	112	茨城（9）、栃木（19）、群馬（25）、埼玉（18）、千葉（21）、東京（1）、神奈川（2）、山梨（17）
北陸	70	新潟（34）、富山（14）、石川（22）
中部	144	長野（41）、岐阜（53）、静岡（21＋1）、愛知（14）、三重（15）
近畿	111	福井（9）、滋賀（15）、京都（14＋1）、大阪（8）、兵庫（30）、奈良（12）、和歌山（23）
中国	89	鳥取（12）、島根（27）、岡山（16）、広島（15）、山口（19）
四国	78	徳島（15）、香川（18）、愛媛（24）、高知（21）
九州	108	福岡（16）、佐賀（8）、長崎（9）、熊本（21）、大分（22）、宮崎（14）、鹿児島（18）
沖縄	7	沖縄（7）

注：2011年3月3日現在
資料：国土交通省道路局

年平均八七件を数えた。その後、二〇〇一年から二〇〇五年までの五年間で二二〇カ所、年平均四四カ所となり、さらに、二〇〇六年から二〇一一年の六年間で一三〇カ所、年平均二二カ所に低下している。当初のイメージでは全国に一〇〇〇カ所とされていたのだが、ほぼそれに近いものになってきた。それでも、まだ全国の各地を回ると設置意欲の強い地域が少なくない。これからもしばらく設置が続いていくものと思われる。

全国の都道府県別配置をみると、**表序—3**のようなものである。四七都道府県に一通り設置され、道路利用者ばかりではなく、地域の人びとにも利用され、交流拠点としても重要な役割を演じるものになっている。各地の「道の駅」を訪れると、いずれも地域の個性を深く醸し出すものになっている場合が少なくない。日本発の興味深い施設・機能が人びとに愛されることにより進化し続けているようにみえる。また、二〇〇四年一〇月の新潟県中越地震を契機に「防災拠点機能」も追加されているのである。

三 「道の駅」と地域産業振興

ここまで検討してきたように、「道の駅」は高速道路のパーキングエリアやサービスエリアなどとは大きく異なる。また、一九七〇年代に普及した民間のドライブインとも異なる。むしろ、当時、トラック協会が行っていたトラックステーションが気になっていたようである。

高速道路のパーキングエリアやサービスエリアの場合は、近年、地域の特産物や農産物などを販売している場合も増えたが、道路利用者の休憩機能が基本にあり、地域との関わりは乏しい。また、民間のドライブインの場合は、休憩・食事が基本であり、地域の産業拠点・交流拠点としての意味はあまり意識されていない。振り返ってみると、七〇年代に各地にみられたドライブインは、現在ではほとんど目にしないものになっている。郊外型の「ファミリーレストラン」「道の駅」に取って代わられたものと思う。

むしろ、近年目立つのは「コンビニエンスストア」であろう。トイレ休憩、水分やおやつ、軽食の調達に使われているようである。

これらと比べて、「道の駅」の場合は、明らかに地域産業振興の拠点、交流の拠点が意識されている。

地域産業の拠点としての「道の駅」

地域の産業拠点として「道の駅」をみていく場合、地域の特産物、農産物の販売窓口としての意味が大きい。特に近年、農村や中山間地域で農産物の直売や小さな「加工」が積極的に取り組まれている。詳細は別著(5)に譲るが、一九九〇年代の中頃から、全国の各地で農村女性たちによる「自立的」な取り組みが開始されている。その場合、販売するチャネルを見出したことが大きい。宅配便、農産物直売所が彼女たちを刺激した。

この点、「道の駅」は道路交通上の要に位置している場合が多く、集客力が違う。彼女たちの思いのこもった農作物や加工品が新たな販売可能性を獲得していった。彼女たちは勇気づけられ、活動を活発化していった。そして、近隣の多様な農産物、加工品が集まることにより、彼女たち自身、大きな刺激を受けていくことになろう。

さらに、従来廃棄されていた規格外の農産物などが、加工して販売できることにより、新たないのちを与えられたことの意義は大きい。当初は田舎の伝統食が受け入れられるどうかと不安を抱いていたようだが、直売所や道の駅の現場では、むしろ「おばあちゃんの味」として人気を呼んでいく場合が少なくない。規格化された食品に飽きている都会の人びとにとって、直売所や道の駅に並べられている加工品は、「安心、安全」に加え、地域性を濃厚に示す新鮮なものに映っている。

農産物直売所や道の駅に積極的に出荷している農家の中には、年間一〇〇〇万円の売上額を示す場合もみられるようになってきた。彼らはいっそう勢いづいていくであろう。そして、このような事業の場としての意味に加え、高齢化した農村女性たちの少しの稼得の機会として機能することにより、生きがいを与えていることも重要であろう。そのような可能性を具体化する場として、道の駅が機能しているのである。

交流の場としての「道の駅」

さらに重要な点は、「道の駅」の売場は生産者と消費者のコミュニケーションの場として機能しているという点であろう。生産者は消費者と直接に向かい合うことにより、売る喜びを覚え、さらに新たに工夫していくことを身に着けていった。

特に、日本の戦後の農産物流通においては、農協の系統流通が支配的なものであり、生産者は自ら考える余地を与えられなかった。農協の指示のもとに生産していたにすぎない。この点、農産物直売所や道の駅は、消費者と接する機会をもたらし、彼女たちに新たな可能性を痛感させているのである。

そして、「道の駅」はこのような都市と農村の接点として機能し、都市の人びとの農村への関心を深めていくキッカケにもなっている。その食文化、暮らし方、静謐な景観、これらはこれまでの出来合いの観光とは異質のものなのであり、成熟してきた私たちにとって新鮮なものに映っている。「道の駅」の出会いにより、もう一つ深く農村そのものへの関心も深まってきた。ここから新たな形の観光、都市農村交流の流れが形成されていくことが期待される。

「道の駅」の当初からの議論の中に、「情報発信機能」「地域の連携機能」がうたわれていたが、並べられる農作物、加工品、そしてそこに集う人びとの存在そのものが、そうした機能を担いつつある。そして、そこで感動した人びとがさらに地域の中に入っていけるような受け皿を用意していくことが望まれるであろう。

「道の駅」は地域の人びとが出会い、そして、地域の人びとと他所の人びとが出会い、深く感動し、交流を深めていくものとして進化しつつある。豊かな成熟した国のあり方が、そこに見え隠れしているように思う。そのようなものとして「道の駅」が深まっていくことを期待したい。

四　本書の構成

以上のような点を背景に、本書は編まれていく。特に、「道の駅」に関しては多方面にわたる議論が可能であろう。制度的な研究、社会調査研究、経営的な研究、設計・店舗構成からの研究、消費行動からの研究等、実に幅広い要素を内包している。それらの中から、本書では「地域産業振興」との関連でみていくことにする。

一九九三年のスタート以来、一八年を重ね、全国に九七〇カ所も設置されている。それらの中から、地域的な配置、注目度、歴史的な意味等を考慮し、一〇カ所を選定し、「道の駅」と地域産業振興という論点を深めていくことにした。

なお、本書では全体の構成を三部にしてある。第Ⅰ部は「地域の産業・交流拠点として進化する『道の駅』」、第Ⅱ部は「地域の特性を深める『道の駅』」、第Ⅲ部は「新たな局面に立つ『道の駅』」とした。以下、ここでは各章の意味と行論の方向を明示しておくことにしたい。

第Ⅰ部「地域の産業・交流拠点として進化する『道の駅』」

この第Ⅰ部では、全国の道の駅の中でも象徴的なものとなっている四カ所を採り上げる。これらはいずれもエリアの道の駅のリーダー的なものとなり、明らかに地域の産業・交流拠点として存在し、さらに現在、新たなステージに向けて進化を遂げつつあるものとして注目される。

第1章の「高知県四万十町／四万十町スタイルを目指して」は、日本一の清流として知られる四万十川流域の三つの町村が合併してできた四万十町の道の駅「あぐり窪川」に注目する。このあぐり窪川は公設民営の道の駅であり、㈱あぐり窪川が経営している。支配人の四万十川への思いが深く、地域性の豊かな商品開発、食の提供を重ね、個性的な道の駅として人気を集めている。特に、加工部門の充実は著しく、「あぐり窪川の豚まん」は大きなヒット商品となっているのである。

第2章の「福岡県宗像市／地元の食材にこだわる地域産業の拠点」は、二〇〇八年に開業したばかりながらも、九州で売上額第一位に躍り出た道の駅「むなかた」に注目する。地勢的に玄界灘の海の幸と山の幸にも恵まれ、さらに、福岡市と北九州市という二つの政令都市に挟まれるという位置的条件が効果的に働いている。また、道の駅開設以前から特産品のブランド化に努め、地元材料による新特産品開発を重ねてきたのである。

第3章の「栃木県小山市／地産地消とブランド発信を目指して推進」は、首都圏への農産物供給基地として歩んできた関東平野北部の栃木県小山市の取り組みに注目する。早い時期から地域の特産物のブランド化に取り組み、それを表現していく施設として道の駅の計画に踏み出していた。市の総合計画の重要なものとして位置づけ、総力をあげて計画を推進してきた。現在では栃木県を代表する道の駅として評価されている。道の駅が新たなステージに立ちつつある現在、さらに内面の高度化が求められているのである。

第4章の「群馬県川場村／村の自立を目指す『農業プラス観光』路線の集大成」は、過疎指定の村を採り上げる。一九七七年、過疎脱却に向けて「農」と「観光」を軸にするむらづくりに踏み出していく。他方、東京の世田谷区が「第二のふるさとづくり」を目指し、川場村と区民健康村相互協力協定を結んでいく。そして、この協定を基礎に施設の設置が進められ、事業の幅が拡がっていった。その集大成として、関東で最も人気のある道の駅「田園プラザ」が整備された。この平成の大合併の際も、川場村は単独村制をとっていくのであった。

第Ⅱ部「地域の特性を深める『道の駅』」

道の駅の置かれている地域的な条件は様々であり、その点を受け止めて各道の駅は興味深い取り組みを重ねている。ここでは「お米の産地である深川」「中山間地域である北広島」「大都市近郊である猪名川」の三つのケースを採り上げ、それぞれの向かっている方向に注目していく。

第5章の「北海道深川市／お米と地場産品のこだわりが人気を呼ぶ」は、北海道を代表する

「米のまち深川」をテーマとする道の駅「ふかがわ」を採り上げる。「食」に多様な工夫をこらし、訪れる人びとに楽しみを与えてくれている。さらに、この道の駅を入り口に人びとが深川のまちに導かれていくように工夫されている。「まずはここから」が深く意識され、単なる道の駅の集客にとどまらず、地域への波及効果までを意識し、人びとの立ち寄りポイントとして機能しているのである。

第6章の「広島県北広島町／町の地域振興・農業振興の拠点」は、町の公設公営型で運営されている道の駅「舞ロードＩＣ千代田」に注目する。町の直営であることから、明らかに町の産業振興拠点として位置づけられており、店舗だけでなく広島市内への産直にまで踏み出している。そして、ここを起点に女性グループの加工、あるいは農業生産法人がにぎやかなものになり、品揃えも豊富なものになってきた。そして、また人びとも活発化するなど、地域の活性化に大きく寄与しているのである。

第7章の「兵庫県猪名川町／田園集落とニュータウンをつなぐまちづくりの拠点」は、田園集落とニュータウンが共存している猪名川町の道の駅に注目する。地元住民に加え京阪神エリアからも集客している。当初は自然とふれあいながら新旧住民の交流するまちづくりの拠点形成を目指していたのだが、農産物直売所や「そばの館」などが人気を呼び、年間五〇万人もの人が集まってくる。それに応え、地元の人びとは活気づき、新たな取り組みを重ねているのであった。

第Ⅲ部「新たな局面に立つ『道の駅』」

早い時期から地域の期待を集めてスタートした道の駅も、近年、近隣に高速道路が敷設、あるいは近くに新たな道の駅が設置されるなどの地域条件の変化に直面している場合が少なくない。そのような事態をどのように受け止めていくのか。この第Ⅲ部では、それに向けた新たな取り組みに注目していく。

第8章の「新潟市（旧豊栄市）／全国初の一般国道パーキングエリアとして設置」は、新潟市郊外に展開している道の駅「豊栄」に注目する。この豊栄は道の駅の「発祥の地」の一つとされ、その後の道の駅に重大な影響を与えてきた。現在の道の駅に備わっている基本的な要素がすでに早い時期から組み込まれてきた。そして、設置から二二年を重ね、社会経済環境が変わっていく中で、新たな課題が意識されている。近隣の道の駅との競争等を受け止め、さらに、地域の活性化との間で新たな一歩が求められているのであった。

第9章の「岩手県遠野市／年間百万人を集める民話の里の道の駅」は、『遠野物語』で知られる岩手県遠野市の「遠野風の丘」を採り上げる。遠野から三陸の釜石までの間にトイレがないという事情から計画されていく。当初、来場者は年間一六万人と予想したのだが、遠野の集客力は意外に大きく、百万人に達した。そのためにわかに活気づき、農産物直売、屋台の郷土食の提供などが魅力的なものに育っていった。担い手は市の公社であり、この道の駅を入口にして町に深く人びとを惹き込むことを意識しているのであった。

第10章の「島根県飯南町／高速道路の新規開通と道の駅」は、島根県の中山間地域の国道沿いに展開する二つの個性的な道の駅に注目する。この二つの道の駅は町村合併により一つの町に統合されたが、依然として独自路線を歩んでいる。そして、近々、近くに高速道路が開通することになり、クルマの流れが大きく変わることが予想されている。このような事態に対し、飯南町では新たな枠組みの形成に向けて必死に取り組んでいる。周辺の道の駅との連携、新たな販路の開拓が模索されているのである。

以上のように、本書は全国九七〇カ所とされる「道の駅」のうちわずか一〇カ所を採り上げるにすぎない。そのいずれにおいても地域条件を受止めた興味深い取り組みに踏み出していた。いずれも「道の駅」の設置を、地域産業活性化の契機ととらえ、農産物の直売、地元の特産物開発、郷土食の提供などに取り組んでいた。当初は制度の側が用意した施設と機能がややよそよそしい雰囲気を醸し出している場合が少なくなかったのだが、経験を重ねるにしたがい、地に足のついたものになってきた。それだけ、地域の産業振興拠点として人びとの関心を集めるものになってきたということであろう。

そして、当初掲げていた「休憩機能」「情報交流機能」「地域の連携機能」といった高い目標も次第に身に着いたものになりつつある。いずれの「道の駅」も各地域（市町村）の顔として成長し、人びとの「出会いの場」となってきた。それは、地元と他所の人びととの「出会いの場」であると同時に、過疎化し人間関係が希薄化してきた地元においても、重要な「出会いの場」としての役割を演じつつある。

人びとはそこで感動し、勇気づけられていくのであろう。そして、そこを起点に地域に深く入り、新たな認識を得ていくことになろう。成熟した私たちにとって、人と暮らしと田園の風景に接し、その風を受止めていくことが自分たちを振り返る契機となってきた。私たちは、そのような時代に生きているのである。そして、各地に拡がる「道の駅」は時を重ねるほどに進化し、私たちを深く受止めるものになっていくことが期待される。

（1）「道の駅八王子滝山」に関しては、立川寛之「東京都八王子市／大都市部における展開——都内初の道の駅併設型農産物直売所『ファーム滝山』」（関満博・松永桂子編『農産物直売所／それは地域との「出会いの場」』新評論、二〇一〇年）を参照されたい。
（2）建設省道路局『道の駅懇談会の設置について』一九九二年四月四日。
（3）社会実験から制度化に至る事情については、当時、現場で活動していた橋本正法氏（特定非営利活動法人地域交流センター代表理事）による。詳細は、橋本氏への筆者のインタビュー「『道の駅』の目指したものと、その後」（『地域開発』第五五八号、二〇一一年三月）を参照されたい。

（4）「道の駅」懇談会『中間のとりまとめ』一九九二年七月。

（5）農産物直売所については、関満博・松永桂子編、前掲『農産物直売所／それは地域との「出会いの場」』、小さな「加工」については、関・松永編『「農」と「食」の女性起業――農山村の「小さな加工」』新評論、二〇一〇年、を参照されたい。

第Ⅰ部

地域の産業・交流拠点として進化する「道の駅」

第1章　高知県四万十町／四万十町スタイルを目指して

──「あぐり窪川」の挑戦

畦地和也

一九八三年九月一二日、豊かな水をたたえた四万十川の魚の生態や伝統漁法が紹介され、広瀬久美子アナウンサーの独特のナレーションをバックに、川と共に生きる人びとの生活がテレビに映し出された。このNHK特集「土佐・四万十川～清流と魚と人と～」の全国放送を契機に、「清流四万十川」の名前は一挙に全国に広まった。その結果「最後の清流」と言えば「四万十川」と誰もが答えるくらい、四万十の地名は全国に浸透していった。

以後、「四万十」というブランドは、あらゆる場面や場所で使われていく。それは流域の市町村にとどまらず、四万十とは関係ないと思われる瀬戸内海を航行するフェリーにまで四国を意識し「四万十」の名称が付けられるまでになった。

平成の市町村合併でも、「四万十」名の自治体が二つ誕生した。一つは中村市と西土佐村が合併してできた四万十市、そしてもう一つは四万十町である。

四万十町は二〇〇六年三月二〇日、窪川町、大正町、十和村が合併して誕生した。旧大正町と旧十和村は幡多郡、旧窪川町は高岡郡ということもあり、それぞれ隣接の他町村と合併を試みたが失敗、結局現在の枠組みで四万十町が誕生した。合併後は高岡郡となっている。二〇一一年二月現在の人口は一万九六五四人、四万十川の中流域に位置し、町域は愛媛県との県境から太平洋岸までを有し、面積六四二・〇六平方キロの広大な町になった。

今回取り上げる道の駅「あぐり窪川」は、その名が示すように旧窪川町にある道の駅である。四万十町にはその他に、旧大正町の道の駅「四万十大正」、旧十和村の道の駅「四万十とおわ」がある。つまり四万十町は合併の結果、町内に道の駅を三カ所も有することになったのである。

三つの道の駅の看板

一　原点は女性たちの直売所

三カ所とも自治体が施設を建設し、民間が指定管理者として経営する公設民営の道の駅である。「あぐり窪川」は第三セクター㈱あぐり窪川が指定管理者として運営している。資本金は四五〇〇万円、七三・六％の株式を四万十町が保有する。現在の従業員は六四人。うち正社員が二七人、残りがパートやアルバイトである。

建設時の総事業費は約六億円。農林水産省の山村振興等農林漁業特別対策事業と高知県市町村活性化総合事業で施設部分を建設し、用地取得や付帯工事、モニュメントの制作は一般財源で対応した。この他に、国土交通省の事業によりトイレや駐車場を二億六〇〇〇万円で整備した。

「あぐり窪川」の誕生

「あぐり窪川」誕生の原点は、一九七〇年代後半から始まった生活改善グループの女性たちの活動にある。女性たちの活動は、一九八四年にはＪＲ駅前に直売所（ＪＡ四万十みどり市）を開設するまでに発展したが、店がロードサイドではなく町中にあることや、店舗スペースの限界から、一九九三年頃には旧窪川町で道の駅構想が推進されていく。その結果、一九九八年四月高知県内一四番目の道の駅として登録認証され、第三セクターによる㈱あぐり窪川を設立、一九九九年四月一八日、道の駅としてオープンした。

以後、二〇〇一年に特殊製法製塩施設「おきつ渚の塩工房」により自然海塩「黒潮伝説」の製造を開始、二〇〇三年には「地域食材加工施設」により、ハム・ソーセージ類の製造を始めている。二〇〇五年には「こめ粉ぱん工房」が完成、地元ブランドである仁井田米を使ったこめ粉ぱんの販売を開始した。さらに、二〇〇九年からは町内にあるホテル「松葉川温泉」の指定管理者として、さらに事業を拡大している。

あぐり窪川の配置

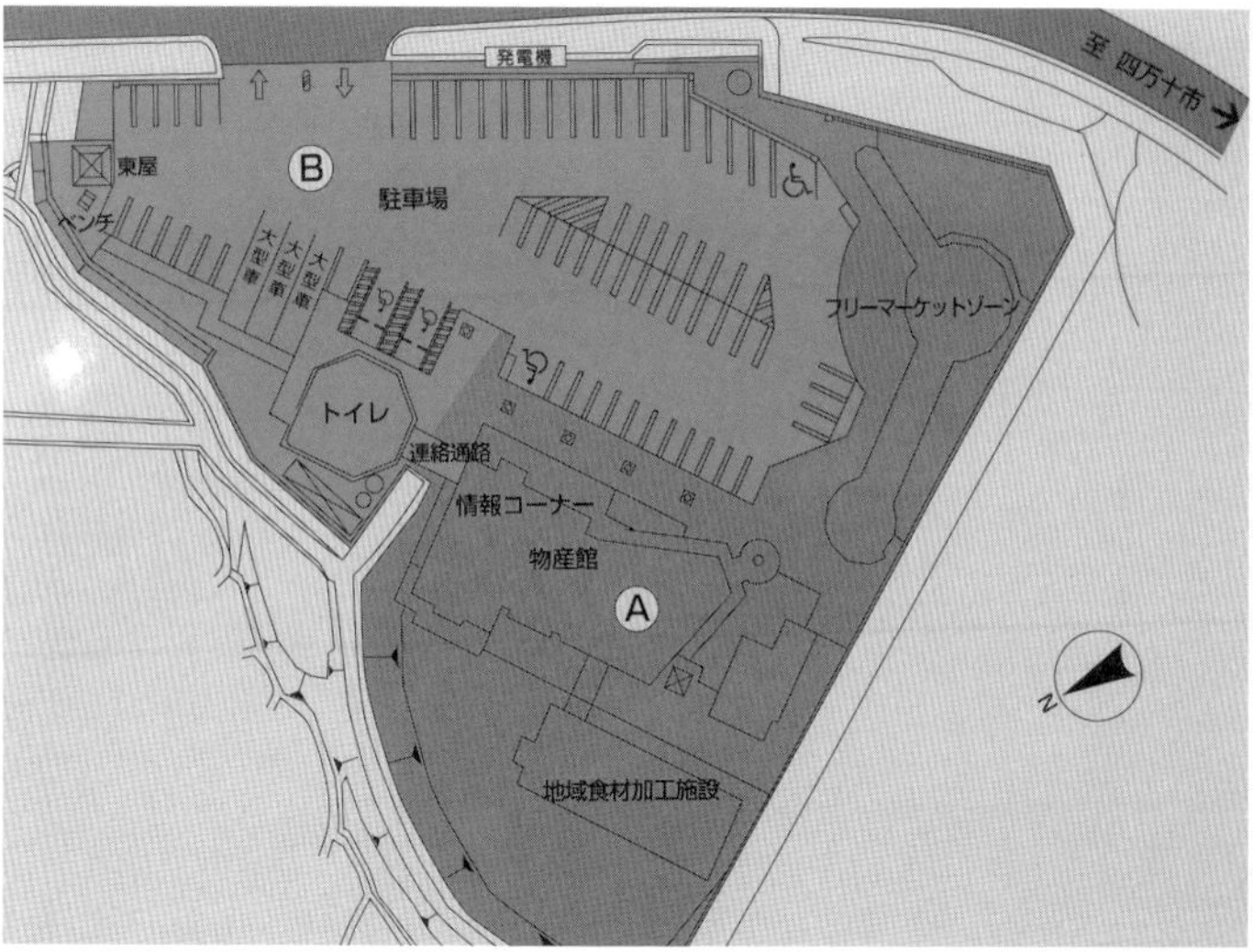

その結果、事業の内容は農林水産物の受託販売、喫茶・レストランの経営、土産品などの販売のほか、アイスクリーム類の製造販売、宿泊業、農林水産物の需要開発や特産品の研究開発など多岐にわたる。当然、ネットショップも展開中である。

あぐり窪川の豚まん

地元で「あぐり窪川」と言えば「豚まん」と応えが返るほど、道の駅「あぐり窪川の豚まん」は有名である。道の駅オープン直後から売り出され、すぐにヒット商品となった。以後、道の駅だけでなく、県内のコンビニや量販店でも販売され、ネット通販でも購入できる。この「豚まん」のレシピを考えたのは、高知県内在住のフードプロデューサー、大原

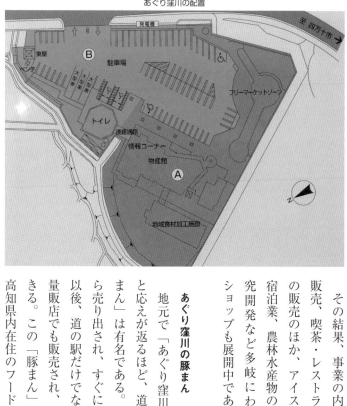

あぐり窪川の「豚まん」

一郎氏である。大原氏は高知県中土佐町のケーキカフェショップ「風工房」(1)や愛媛県四国中央市（旧新宮村）霧の森菓子工房の「霧の森大福」をプロデュースしたことで知られる。

大原氏は「レシピ開発で本質の問題を解決することが重要」と言う。「風工房」の場合、本質の問題は農協の規格に合わず捨てているイチゴにどのように付加価値をつけるか、ということであった。そのためには、A級品のイチゴを使ってケーキを作ったのでは意味がない。B級品を使わなければ本質の問題解決にならないと指摘する。

「あぐり窪川」では、売れないため農協の倉庫で山積みされていた廃棄寸前の豚のモモ肉やスネ肉に着目した。一般的な豚まんの場合、具の割合は四〇％ほどであるが、豚まん全体を大きくしたうえで、具の量を六〇％まで増やした。値段も一八〇円（当時）と高めに設定。「でか過ぎる」「高すぎる」と試食会の評判は散々だったが、結果はゴールデンウィークには一日に一六〇〇個も売るヒット商品となった。現在「豚まん」だけで道の駅部門売上全体の二割を占める。

二　あこがれとこだわり、そして課題

二〇〇九年四月に総括支配人として「あぐり窪川」に着任した井上登氏は、レストランのメニューに、四万十ブランドへのこだわりが全くないことに愕然とする。唐揚げ定食の肉にブラジル産を使っている、どこにでもあるうどんやカレーなど、メニューの内容は最悪の状態（井上氏）であった。井上氏は「観光客からみたら、窪川は四万十川の〝入り口〟なのに、窪川の人たちは四万十川を全く意識していない。わざとしていないのではないか」と思ってしまうほどだったと語る。そうしたよじれた町民の意識が、どこかで四万十ブランドにあやかりたいと思いながらも、「あぐり窪川」には四万十の名称が使われていない理由であるのかもしれない。

四万十へのあこがれ

井上登氏

井上氏は一九五六年、兵庫県姫路市の生まれ。父親が松山市出身だったため、一九七六年、氏が二〇歳の時に家族で愛媛にUターンした。新居浜市内のプロパンガス検査の会社を経て、四〇歳の時に同じ市内にあるリーガロイヤルホテルの営業職に転じた。その頃から、家族で四万十川キャンプをするようになった。お気に入りの場所は西土佐村（現四万十市）の岩間の沈下橋付近。そこの風景に惹かれた。通っているうちに地元の人との交流も増え、人びとの温かい人柄にすっかり魅了されてしまい、いずれは家族で四万十川に住みたいと思うようになった。

そのようなとき、職場の上司が道の駅「四万十とおわ」の社長と面識があることがわかり紹介をしてもらう。「四万十で仕事をしたい」ことを告げたが、採用には至らなかった。ところが五〇歳を目前にして、井上氏は脳梗塞で倒れてしまう。ホテル勤務の不規則な生活が災いしたのであろう。井上氏は社会復帰に向けてリハビリに励み、元気になったら必ず四万十で働くという思いを深めていった。

やがて健康を取り戻した井上氏は、あらためて「四万十とおわ」に連絡を取る。幸いなことに、それまでの支配人が辞めたばかりの時であった。井上氏は即採用され、念願の四万十生活を二〇〇八年四月から始めることになった。

四万十へのこだわり

「四万十とおわ」で働き始めて一年余りたったころ、四万十町副町長（現町長）から、「あぐり窪川」の支配人の職への誘いを受ける。㈱あぐり窪川には、その年の春から入浴宿泊施設である松葉川温泉の経営も引き受けていたため、道の駅と宿泊施設の両方の経営ができる人物が必要という事情があった。勤務先の「四万十とおわ」には、副町長自らが説得にあたってくれた。井上氏は円満に「あぐり窪川」に移ることができた。

井上氏はさっそく、地元へのこだわりもなく、四万十のイメージもないただの食堂と化しているレストランのメニュー改革に取り掛かった。

まず、地元食材を使うことを徹底した。四万十川の手長エビや青さのりに、窪川産のポーク（米豚）、シイラのフライなど使った四万十まるごと膳は、料理の内容に加え一二〇〇円という手ごろ価格で一番人気のメニューとなった。また、前職の「四万十とおわ」で、地元産天然ウナギの「うな丼」を二六〇〇円の価格設定にしたところ、周りの反対にもかかわらず一番人気のメニューになった経験を活かし、ここでも四万十ウナギのうな重を提供している。さらに、窪川ポーク（米豚）を使っていることをメニューに明記した。それまでも確かに窪川ポークを使っていたのだが、それが情報としてメニューに記載されていなかったのであった。

そのため、「豚カツ定食」は「窪川米豚の豚カツ定食」に、ブラジル産鶏肉を使っていた「おやこ丼」は「四万十地鳥の親子丼」へ、山菜うどんや天ぷらうどんなど、全国どこにでもありそうな麺類メニューは「あおさのりうどん」や手長エビの唐揚げがのった「四万十うどん」とメニューを変えていった。さらに、季節感を出すために限定メニューを投入していく。それまでのメニューはオールシーズン同じであった。

これらの結果、「成果は一瞬で現われた」（井上氏）という。それまで七〇〇円にも届かなかったレストランの一人当たりの単価が、メニュー改定と同時に八〇〇円を超えたのである。しかし、それまでのやり方を変えるのは周囲との軋轢を生む。当然職員からは戸惑いの声が上がったが、井上氏は少しずつ成果を見せることで、抵抗や不安を解消し、職員の意識改革を促していったのである。

直売コーナーの低迷

本章の冒頭、「あぐり窪川」の原点は、直売所（JA四万十みどり市）に向かっていった生活改善グループの女性たちであると書いた。手狭になった直売所の課題を解決することを主たる目的に整備された道の駅。しかし現実は、直売（「あぐり窪川」ではフリーマーケットと名付けている）コーナーは、必ずしも活気があるとは言えない。

その最大の理由は、「あぐり窪川」のオープンと時を同じくして、一九九九年五月に「ＪＡ四万十みどり市」は常設店として移転リニューアルオープンしたこと。さらに二〇〇四年一一月には特産センター「こらにや」と統合、再度移転して三〇〇名以上の会員で運営する直売所となり、多くの生産者はそちらに商品を出しているからである。

また、井上氏が着任するまでは、販売品目に関する規制がなく、仕入品の北海道のジャガイモや、愛媛のみかんが堂々と売られていた。スーパーと同じ商品構成に客が手を伸ばすはずもなく、フリーマーケットコーナーの売り上げが伸びない原因にもなっていた。

そこで、県外の仕入品は一切置かせないことにした。しかし、それでは商品不足を起こしてしまう。井上氏は「あぐり窪川」より西、県西南部の商品に目を付けた。「あぐり窪川」は高知市から西に約六〇キロ。当然お客も東方面から来る人が多い。そのようなお客にとって、「あぐり窪川」からさらに先、西の商品は魅力的に映るのではないか、と考えたからである。もちろん、同じ県内の商品をできるだけ売ってあげたいという思いもある。まず手をつけたのが、高知県の西の端、宿毛市の柑橘である小夏と文旦であった。四万十町は面積が広いが意外にフルーツの生産が少ない。その意味でも商品のバリエーションが増した。

しかし、第三セクターという公共の資金が投入されている収益施設の運営は、別の難しさを抱えている。つまり、不公平と差別化が常識の商業の世界に、公共性と公平性が持ち込むため、株式を持たない一般住民や、そこに商品を納品している業者の立場が優位性を持ってしまう場合がある。町外の商品を置こうとした場合、同品目の商品を納入する事業者からのクレームが必ずある。しかもそのクレームは会社を飛び越し、役場に直接持ち込まれるため、指定管理権限を持つ行政としては、会社に注文をつけざるを得なくなる。これは、完全民間資本ではない第三セクター会社の弱点であろう。特に人口規模の小さな自治体においては、それが顕著であるように思う。

しかし限られた市町村や、合併前の自治体エリアだけに販売品目を制限することは、必ずしも良いことばかりではない。むしろ、周辺地域の商品を扱うことで商品構成が豊かになり客の購買意欲も高まる。場合によっては、自分のところの商品も相手先での販売が可能になり販路の拡大に通じる。どこにでもある土産物になってはつまらないが、道の駅同士協力しあうことは、結果的に全体の売り上げ増につながり生産者にとっても都合の良いこともあろう。だが、ライバル商品が入れられると自分の商品が売れなくなることへの恐怖心は、なかなか払しょくできない。関係者の意識改革が求められる。

三　四万十町スタイル
——拠点ビジネス体制整備プラン

二〇〇九年度、四万十町は町のアイデンティティ（ここでは、固有の生き方や価値観を表現すること、としている）づくりのためのプラン「四万十町スタイル——拠点ビジネス体制整備プラン」（以下、プラン）を策定した。

三つの個性

このプランのコンセプトは「三つの個性がある町」である。三つの町村が一つになり、「贅沢すぎるほどの多くの資源や文化、自然、食があり」「変化に富んでいる様ざまな個性があることが四万十町の魅力」となった。そのための方向性は当然「三つの地域の個性を生かしたまちづくり」であり、その結果「三つの地域の個性が光ることが地域全体の魅力になる」としている。それぞれの拠点は、当然三つの道の駅になる。

プランでは、「第一次産業を豊かにすることが、人の暮

しまんとスタイルプラン

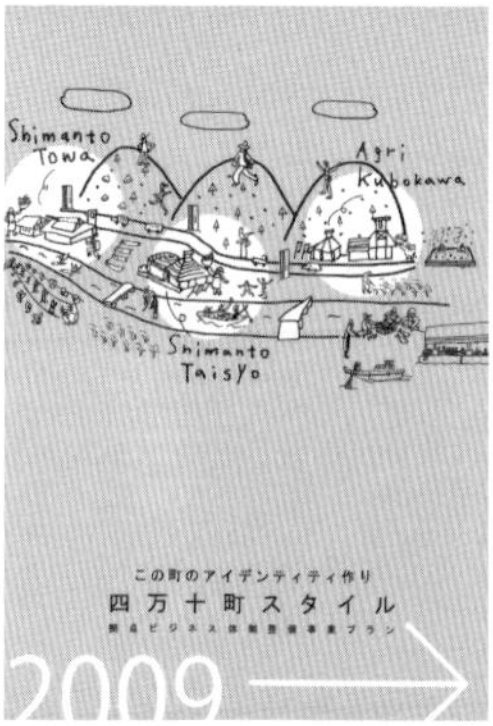

らしも豊かにする。人が生きていく上で最も重要な食を他の地域に依存することは豊かではない。また、地域として考え方をしっかりもつことが精神的な豊かさであり、最終的には考え方が豊かでないとその地域は豊かにならない」とし、どのような考えを持って町を豊かにするのか、「この町の進むべき方向性・コンセプト」を示している。

観光交流プラン

プランは大きく三本の柱からできている。

まずは観光交流プラン。三つの道の駅を結ぶ国道三八一号を「しまんと街道」と名づけ、日本のどこにあるかをメッセージすることで存在感を強調する「しまんと街道サイン計画」が提示されている。その際、街道の看板は木の看板として、「日本の風景を変える」計画である。

その街道を中心に、「沈下橋を旅する、流域の農家に泊まる、火振り漁やオーガニック農園の体験ツアー」を計画する。その際の弁当は「四万十松花堂弁当」とし、三つの地域の食材がそれぞれ三つずつ計九品入ったものとすることが提案されている。思いを商品に込めて伝えることで、旅人に町の豊かさを実感して欲しい、感動して欲しいということである。

それだけでなく、三つの道の駅ぞれぞれに「道の駅丼」をつくるプランも盛り込まれている。例えば、「あぐり窪川」は窪川ポークを使った「窪川ソースカツ丼」、「四万十大正」は天然鮎を使った「大正天然あゆ丼」、「四万十とおわ」は原木しいたけを使った「十和しいたけ丼～手長エビ仕立て」という具合である。

商品開発プラン

二つ目が、四万十町らしい商品を作るための商品開発プラン。開発の方向性は、「捨てているもの、使われないものを活かして、もったいないをお金に変える」こと。そのための商品として、シイラの胃袋を使った塩辛やチャンジャ、ミョウガの茎の部分を使ったパウダーや、自生している野草の薬膳料理への活用などがプランとしてあげられている。

そのほか、不ぞろいの野菜や規格外品の加工、オーガニックや無添加の加工品、海と山のコラボ商品として、「ハーブシイラの中華まん」や「椎茸シイラすり身」などの具体的な商品が提示されている。

生産流通プラン

できた商品は売らなければならない。そのために三つ目の柱は、四万十町の思いを届ける生産流通プランである。「四万十町と都市部が連携して生産者と消費者を直接結びつける新たな生産流通」を構築するための、「四万十マルシェプロジェクト」と「あぐり物流一元化システム」が提案されている。
「四万十マルシェプロジェクト」では、「都市部消費者へ直接四万十町の物産を販売する」だけでなく、「消費者のニーズの把握や観光情報発信など商品開発や観光につなげる」ことも目的とする。「あぐり物流一元化システム」では、「流域の産物・商品を効率よく集荷し流通させ、生産者と消費者を直接結び付ける新たな生産流通システム」を構築するとしている。
さらに「四万十川流域やさい」というブランド戦略も描く。基本は農家自身が食べている野菜、農家が当たり前に食べている野菜のもつ安心感を、「流域やさい」というわかりやすいメッセージで伝えていく戦略である。野菜戦略は、カットするのではなく、野菜の全容が見えるベビーリーフの組み合わせを商品化する「四万十シャッフルサラダ」という商品にも展開する計画になっている。産地・生産者の顔が見える野菜の小さな詰め合わせ、「四万十川流域やさい」を手軽にたくさん食べてもらいたいと考えているのである。

「あぐり窪川改造計画」

プランの最後は、拠点施設としての「あぐり窪川」改造計画である。「四万十町にとって『あぐり窪川』は町の入り口」であり、「訪れる人にとっては町の第一印象となる場所」。したがって「あぐり窪川」の存在が重要であるとしている。

そのために、まずは農産物直売所を改造しなければならないとしている。多くの生産者が集まる直売所にするために、四万十マルシェなどのように直売所の名称を変更、店舗デザインの修正により直売所の外観・雰囲気を変える。さらに、テント販売やイベントなどにより、生産者が直接店頭ＰＲできる場づくりなどが計画として提案されている。

また、その日に並んだ新鮮な野菜をレストランで使うなど直売所とレストランの連携で、相乗効果を上げることも示されている。

以上のプランの内容は、イメージを具体的にしたイラストとともに冊子化されており、非常にわかりやすい計画書となっている。

農産物直売所の進化

プランづくりに奔走した高知県地域支援企画員(3)川田健康氏（一九六七年生まれ）は、このプランは合併前から旧十和村で取り組まれていた「おかみさん市(4)」のシステムを残すことがまずは一番の目的だったと語る。

旧十和村では、一九七〇年代前半から集落単位の女性加工グループの活動が活発になり、次第に直売所を設けるなど産直活動につながっていったが、過疎化や高齢化により販売額は伸び悩んだ。そこで一九九七年各グループが連携して「ふるさと産品協議会」を設立、さらに村内

川田健康氏

すべての女性活動グループの連携を図ろうと一九九九年「十和村女性ネットワーク」を立ち上げた。

そのネットワークに対して高知市内の商店街のおかみさんたちから、野菜を出荷してもらえないかという依頼が舞い込んできた。そのため二〇〇〇年から毎週日曜日に数グループが交代で野菜や加工品を運び、自分たちで販売するようになった。その後ネットワークは「十和村地産地消（産直活動）運営協議会」となり、二〇〇三年からはより親しみやすい名称として「おかみさん市」の愛称を使用し、その後の活動につなげていった。

「おかみさん市」では、生産者の商品を集落を回りまとめて集荷を行っていた。そのための経費に対して、村から補助金が支出されていた。山間部に点在する集落や各戸を回り、野菜や加工品を集めるコストを生産者やグループの負担ですべて賄うことは無理だからである。しかし、そのような状況も、市町村合併後雲行きが怪しくなってきた。特定の地域や人びとだけに補助金を支出することへの不公平感や、全域に広げる際の財政問題などが表に現れ、補助金が打ち切られていった。

長年女性たちの活動を支援し、補助金に頼らずいずれは自立をしなければいけないことはわかっていた関係者は、なんとか「おかみさん市」の仕組みを残し、しかも四万十町全域の仕組みとして定着させるために、「四万十町スタイル――拠点ビジネス体制整備事業プラン」づくりに取り組んだのである。

したがって当初プランの内容は物流面を強調した内容であったが、最終的には外に打って出ることで四万十町産品のＰＲとブランド化、その結果加工品の単価アップを目標とした現在のようなプラン内容となっていった。

農業福祉

プランづくりを側面から支援してきた川田氏は、地域の人びとの農産物を集めて売りに行くその仕組みを、売上金額だけで評価してはいけないと強調する。中山間地域ではまだまだ野菜や加工品を作る体力も技術も気力もある高齢者がたくさんいる。その人びとの商品を集めて外で売ってあげることで、生きがいになり元気になり病院に行かなくてすむ、その結果医療費が削減できるというのである。川田氏は「だからこれは農業福祉なんです」と語る。産業が福祉的効果を生んでいるということであろう。

「しかし」と川田氏は続ける。「この意味が県庁の本課にはなかなか理解してもらえない。必ず〝費用対効果〟を持ち出される」と悔しがる。

現在高知市に商品を運ぶための経費は、国の「ふるさと雇用」の制度を使っているが、二〇一一年度の制度終了後は自立的運営をしなければならない。十分な収益を見込むことが厳しい「あぐり物流一元化システム」の、数値には現れない社会的効果をどのように推し量り評価するのか、新たな評価軸を持つための関係者の努力と、合わせて人びとの意識変革が求められている。

四　新たな飛躍を目指してプランの実行

二〇一〇年度、いよいよ四万十スタイルプランは実行の年となった。道の駅あぐり窪川にはJA四万十みどり市の生産者組織である「窪川あいあい市」が関わり、道の駅しまんと大正には、以前から高知市内のホームセンター敷地内にアンテナショップを持っていた「あぐりショップ四万十生産者団体」が関わることになる。そして、道の駅四万十とおわには「おかみさん市」が中心になって集荷を行う「あぐり物流一元化システム」の仕組みが整ってきた。集荷物は「おかみさん市」で集荷配送を行っていたトラックを利用し、週に四回、多い週で五回ほど西から順番に商品を集め、高知市内の量販店へと持ち込んでいる。

「四万十マルシェプロジェクト」も、一二月に大阪、二〇一一年一月には東京駅で開催された。「黄色いテントの四万十町」をイメージづけるオリジナルの黄色いテントや商品棚を会場

しまんとマルシェの商品棚　　写真提供：川田健康氏

に持ち込み、四万十町産品を売り込むだけでなく、これまでばらばらに手渡していた三つの道の駅のパンフレットを一緒に渡すようにした。

地域支援企画員の川田氏は、シイラを使った商品開発や道の駅ごとの丼メニュー、四万十川流域野菜のブランド化など、プランは予定どおりに進んでいると評価する。今後は核となる「あぐり窪川」の改造計画として、レストランの改造や地元農産物を使ったカフェスイーツの開発が計画されているが、まずは多くの生産者が集まる直売所づくりが急務だとしている。そのために二〇一一年度は、フリーマーケット部分の改修と、農産物の食品加工が

集荷トラック

写真提供：川田健康氏

できる施設を整備する予定であった。

道の駅「あぐり窪川」は、そもそも農家生産者の販売拠点として構想されたのだが、いまようやくその構想が具体的になりつつある。総括支配人である井上氏は、プランはイメージや理想の部分もあり、現実に落とし込んだとき実現性のないものもあるが、これから三つの地域、三つの道の駅が連携しお互い高めあっていくためには、必要なことがたくさん盛り込まれていると語っている。

その一つひとつを、個性を生かした連携の中で実行していくことが、これから求められているのであろう。「あぐり窪川」は二〇一一年でオープン一二年となる。人間でいえば「一回り歳をとった」節目を迎える。四万十に住むことに憧れてその夢を実現した「風の人」と、地元の個性を生かそうとする「土の人」との、新たなプロジェクトへの取り組みが、「あぐり窪川」の新たな展開をもたらしていくことが期待される。

（1）風工房に関しては、畦地和也「高知県中土佐町／イチゴの生産・ケーキ加工・カフェレストラン」（関満博・松永桂子編『「農」と「食」の女性起業』新評論、二〇一〇年）を参照されたい。

（2）プランでは「直販所」を使用しているが、ここでは全国的な呼称である「直売所」とした。なお、農産物直売所については、関満博・松永桂子編『農産物直売所／それは地域との「出会いの場」』新評論、二〇一〇年、を参照されたい。

（3）県の出先機関には属さず、自由な発想で自主的に地域を支援するために、市町村に県職員を配置する高知県独自の仕組み。現在五四人が地域で活動している。詳細については、岡村幸政「市町村現場への人材派遣：高知県の地域支援企画員『地域の元気応援団』」（『地域開発』第五五二号、二〇一〇年九月）を参照されたい。

（4）「おかみさん市」の活動は、二〇〇八年度第三八回日本農業賞特別部門・第5回「食の架け橋賞」、二〇一〇年度地域づくり総務大臣表彰を受けた。なお、「おかみさん市」については、関満博・松永桂子「中山間地域／女性起業と集落ビジネスの展開──高知県四万十川地域の動き」（『商工金融』第六〇巻第五号、二〇一〇年五月）を参照されたい。

第2章　福岡県宗像市／地元の食材にこだわる地域産業の拠点
――道の駅「むなかた」

大西達也

二〇〇八年四月の開業以来、二年九カ月で累計入場者数四〇〇万人を記録、二〇〇九年度には九州域内で売上額第一位（約一五億円）を達成し、今や九州ナンバーワンとも称されている人気の道の駅が道の駅「むなかた」である。開業三年目を迎えた現在でも、近隣漁港から直送される新鮮な魚介類や地元生産者の持ち込む豊富な農産物を求めて、市内や近郊のみならず北九州、福岡両都市圏を含めた北部九州エリアからの来訪者で平日休日を問わずにぎわいをみせている。

本章では、多様な地元関係者が道の駅を地域産業の拠点と位置づけて、その経営を通じて協働関係を構築し、豊富な地域資源を活用することで、一次から二次・三次産業へと地域産業の裾野を拡大している取り組みを紹介する。

一　宗像市の概要と道の駅「むなかた」開業までの経緯

宗像市の概要

宗像市は、福岡県内の二つの政令指定都市である北九州市と福岡市のほぼ中間に位置しており、JR鹿児島本線や国道三号、四九五号が東西に横断する交通アクセスに恵まれた都市である。一九六〇年代半ば以降には、相次ぐ宅地造成や住宅団地の開発とともに国立（現国立大学法人）福岡教育大学や東海大学福岡校舎（現東海大学福岡短期大学）など高等教育機関の立地が進んだ。

その結果、一〇年間（一九六五〜七五年）で人口世帯数（住民基本台帳ベース）がともに倍増（人口二万二一二〇人から四万四五〇四人、世帯数四八〇四世帯から一万一八一四世帯）するなど、従来の田園地帯から学術・文化都市へと急速に発展を遂げてきた。その後も両政令市のベッドタウンとして人口増加が進み、二〇〇三年には市の北西部に隣接する旧玄海町との合併、二〇〇五年には玄界灘に浮かぶ旧大島村の編入を経て、二〇一〇年一〇月一日現在の市の人口は九万五四八一人となっている。

宗像市内の観光資源としては、日本書紀にもその名が記され「交通安全の神」として信仰さ

道の駅むなかた内の物産直売所

れてきた宗像大社や、八万点にも及ぶ国宝・重要文化財を所蔵し世界遺産への登録活動が進む「海の正倉院」とも称される沖ノ島など多くの歴史的資産があげられる。

また、良好な漁場である玄界灘に面していることから市内に四つの漁港を擁している。その中でも福岡県内で最大規模の組合員数、漁獲高を誇るのが鐘崎港の鐘崎漁協である。市内の漁港には、既に地元特産品として人気の「玄海活いか」「玄海とらふぐ」「のうさば（玄海かずのこ）」「釣りあじ玄ちゃん」に加えて、良質のウニ、サザエ、アワビや皇室にも献上されるワカメなど豊富な魚介類が水揚げされるほか、「いか」は佐賀県唐津市の呼子地区、「天然とらふぐ」は山口県下関市の南風泊市場といったそれぞれの全国的な産地にも卸している。さらに、鐘崎港や神湊港では定期的に朝市が開催されており、これらの特産品を目当てに遠方からの観光客も訪れている。

開業までの経緯

道の駅「むなかた」の設置構想は、約七年前の旧宗像市と旧玄界町との合併前後にまで遡る。当時は宗像市と玄海町の二つの商工会に宗像観光協会を加えた三機関でそれぞれ道の駅の設置が検討されていた。その後、市町の合併を経て二〇〇三年一〇月に設置されたのが、地元関係者(市役所、両商工会、漁協、農協、観光協会の代表者)をメンバーとする道の駅検討委員会であった。同委員会では、設置場所、資金調達、運営形態から取扱品目まで様々な項目について検討がなされた。その結果、玄界灘が一望できる釣川河口に近く、「全国白砂青松百選」に選ばれた黒松並木が続く「さつき松原」に隣接した国道四九五号沿いの現在の場所への設置が決定された。

資金調達については、当初、施設設置者の宗像市では漁業関連の補助金利用を予定していた。しかし、施設内での取扱品目の三分の二以上を魚介類にするという条件がネックとなり、最終的には農林水産省と国土交通省からの補助金を利用し、残りを合併特例債にて賄うこととなった(総工費約六億五〇〇〇万円)。

施設の運営主体としては、当初の検討委員会メンバーであった五団体（宗像市商工会、宗像観光協会、宗像農業協同組合、宗像漁業協同組合、鐘崎漁業協同組合）の出資により、㈱まちづくり宗像を設立、同社を指定管理者とする公設民営の運営形態が採用されている。代表取締役には宗像市商工会会長の花田省蔵氏が就任、事務局を取り仕切る「駅長」には宗像市ＯＢの藤岡末英氏、現場をみる「館長」には公募によりスーパーマーケット店長経験者が選任されている。

二〇〇七年四月の着工後、約一年間の工期を経て、二〇〇八年四月一二日に県内一〇番目、九州域内で一〇〇番目となる道の駅「むなかた」が開業した。

施設規模（敷地面積一万三六九一平方メートル、うち物産直売所面積六一六平方メートル）は県内でも有数であり、特に駐車場台数（一七六台、うち大型車九台、普通車一六三台、身障者用四台）は開業当時県内最大規模であった。

開業初日は開店前から数千人が列を作るなど大盛況のスタートとなった。その後も開業前に掲げていた目標値（売上額七億五〇〇〇万円、来館者数八〇万人）をそれぞれ約半年で達成。初年度である二〇〇八年度の年間売上額、来館者数は、一二億八〇〇〇万円、一三九万人に達した。さらに、二年目も売上額一五億四〇〇〇万円、来館者数一五一万人と数字を伸ばし、この年に売上額規模で九州域内第一位（全国でも第四位）となった。そして、開業から二年余が経過した二〇一〇年六月四日には累計来館者数三〇〇万人を、二年九カ月後の二〇一一年一月一四日には四〇〇万人を突破するなど、名実ともに九州北部エリアでの「道の駅ナンバーワン」としての地位を確立している。

二　競争を勝ち抜くためのキラーコンテンツの存在

漁港直送鮮魚による他施設との差別化

「どんなに新鮮な品物を揃えても、農産物だけでは他の施設との競争に勝てない」。道の駅「むなかた」の成功を受けて、現在では九州だけでなく全国各地からの視察や取材に対応、新規開業する道の駅へのアドバイスも行っているのが、㈱まちづくり宗像の花田省蔵代表取締役である。花田氏が指摘する道の駅「むなかた」の成功要因の一つが、魚介類、なかでも漁港直送鮮魚の取り扱いである。二〇〇九年度の総売上額（一五億四〇〇〇万円）に対して、鮮魚を含む水産物部門の売上額は約三分の一（五億五〇〇〇万円）を占めている。また、一品当たり単価（四三七円）も酒類を除く飲食品の中では最も高いことからも、同部門の寄与が大きいことがわかる。

宗像市が面する玄界灘は魚介類の宝庫であり、道の駅「むなかた」には市内の四漁港（鐘崎、

利用者に人気の魚加工コーナー

大島、地島、神湊）から採れたての鮮魚が毎朝「朝絞め状態」で入荷している。物産直売所の売場の約三分の一を占める鮮魚コーナーには旬の魚介類がぎっしりと並べられ、人だかりのできる光景はさながら魚市場の様相である。

さらに、利用者の利便性を高めているのが店内に設置された「魚加工コーナー」と「氷コーナー」である。「魚加工コーナー」では小さなものであれば一〇〇円から捌いてくれるほか、料理方法のアドバイスなど魚に関する相談にも乗ってくれる職員が常駐している。「氷コーナー」も魚介類持ち帰り用にビニール袋と氷が用意されているなど、一般スーパー並みのサービスが提供されている。

鮮魚に関しては、毎日の入荷数や魚種が限られ、天候不良で船が出ない場合には入荷がまったくない日もある。そのため鮮魚コーナーは物産直売所内でも最も「激戦区」となっており、開店時から午前中くらいでほぼ売切れ状態となる日が多い。事情に通じた地元客がより新鮮な商品を求めて来店時間が早まる傾向があり、そのことがさらに品切れを加速させている。

地元飲食業者有志の運営する地域食材レストラン「おふくろ食堂はまゆう」

近年、農村や中山間地域の活性化を促すための施設として、「農産物直売所」「農産物加工所」「農村レストラン」の三点セットに注目が集まっている。道の駅についても、従来は高速道路のサービスエリアと同様に道路利用者の利便施設としての「休憩機能」「情報発信機能」に簡単な「物販、飲食機能」が備わったものが多かった。しかしながら、全国的にも上記の三点セットを備えた直売所が普及してきたことに伴い、近隣に立地する直売所と道の駅、あるいは道の駅間での競争が激化している。

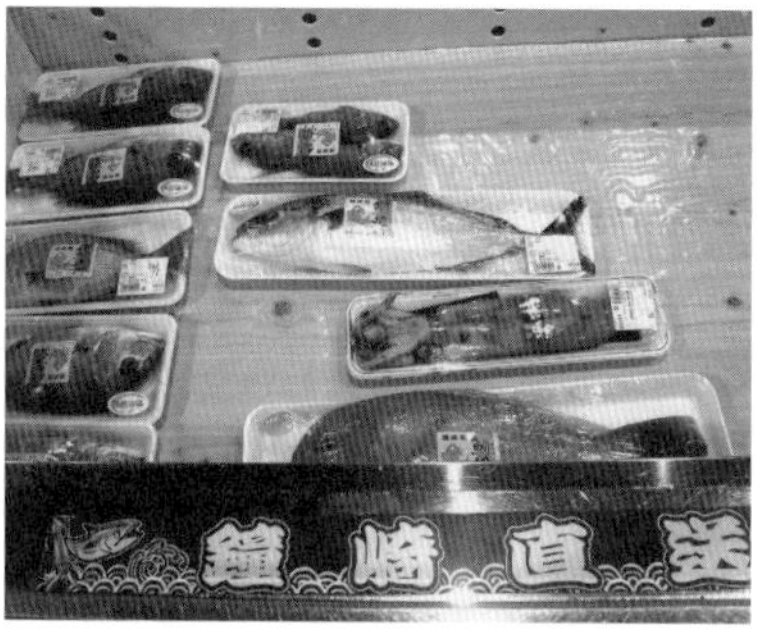

午後になり売切れ間近の鮮魚コーナー

このような状況下、地域関係者の創意工夫により集客力に差をつけているのが、郷土料理やそれらをアレンジして生まれた創作料理を提供する「地域食材レストラン」である。

道の駅「むなかた」では物産直売所に隣接したスペースに、地元宗像産の旬の食材を用いた漁師料理、農家料理を提供する「おふくろ食堂はまゆう（客席面積一五九平方メートル、八〇席）」を開設している。その運営を担っているのが、地元の玄海ホテル旅館組合と神湊飲食店組合の加盟者有志約二〇名の出資により設立された「㈱玄洋むなかた」である。

ワンコインで味わえる「旬の刺身盛り」

その特徴は、全国の農家レストランの多くが採用している品数の多いバイキング形式ではなく、同じセルフサービスながらカウンターに魚の煮付け、焼魚切り身など小皿・小鉢料理が並ぶカフェテリア方式を採用していることである。メニューもうどんやカレーといった主食の他に、地元食材を用いた総菜中心の「一〇〇円小鉢」や五〇〇円前後から揃う「旬の刺身盛り」などバラエティに富んでおり、買物帰りの高齢者や子供連れが安心して利用できる身近な施設となっている。

また、「玄洋むなかた」の出資者の中には自ら市内で飲食店を経営する者も含まれており、当レストランは宗像産食材だけでなく、自らの店のアンテナショップ的存在としても位置づけられている。

三　地元産にこだわる特産品ブランドづくり

「むなかた季良里」導入の経緯

合併前の玄海町商工会、宗像市商工会が二〇〇三年度に共同で取り組んだのが、宗像特産品ブランド「むなかた季良里《きらり》」の導入であった。魚介類に加えて市内で生産される豊富な農産物などを最大限活用すべく、「新たな特産品の認定基準づくり」と「地元原材料を用いた新特産品開発」の二つの目標を掲げて活動を開始した。

翌二〇〇四年度以降は、市の公式行事への参加や大手スーパーでの物産展企画などを通じて地場事業者の販路開拓など一定の成果を上げた。その後、二〇〇六年四月の両商工会の合併後は、「東京インターナショナルギフトショー」への出展を機に、全国展開を目指して新商品開発やパッケージの改良を行うなど、ブランド化事業を進化させてきている。

「むなかた季良里」商品の認定基準は以下の通りである。

●**認定対象商品**……以下のいずれかに該当。

①　商品及び製品の原材料が宗像地域で生産されたもの。

②　製造方法・由来が深く宗像市にかかわるもの。

③　市内で生産された農産品であるもの。

④　市内の漁業者が捕獲した天然水産物であるもの。

●**認定基準**

①　むなかた季良里として相応しい品質を持つもの。

②　食品・農産加工品・調味料・酒類等においては主たる材料が宗像地域で生産されている

こと。

③　工芸品などにおいては原材料、製造方法、技巧・加工法・意匠などが宗像市にちなみ郷土色豊かな表現をもつもの。

④　農産物においては、福岡県減農薬・減化学肥料栽培認証制度に基づき認証マークの表示が認められたもの。

⑤　水産物においては、宗像市の漁業従事者が捕獲して宗像市に水揚げされた天然のもので宗像市内の漁協から申請のあったもの。

⑥　水産加工物においては、宗像地域に水揚げされた水産物を加工したもの。

⑦　商標及び梱包容器において虚偽表示、誇大表示などがなく消費者にとって有意な表示がなされていること。

⑧　食品衛生法等の関係法令に違反しないものであること。

⑨　季節限定品を除き認定期間中、安定的な供給が可能であり、一般の流通経路において消費者が購入可能であること。

⑩　上記以外でむなかた季良里の推進、宗像市のイメージ向上に必要であると特に委員会で認められたもの。

バラエティに富んだ特産品ブランド

二〇一〇年一一月末現在の「むなかた季良里」認定商品数（事業所数）は、魚介類や米・野菜など一次産品から酒・味噌・醤油や郷土玩具・木工品など付加価値のついた二次産品まで、五八商品（二八事業所）となっている。

この「むなかた季良里」は商品の特徴別に四つのカテゴリーに分類されている。

海の道……「釣りあじ玄ちゃん」「玄海とらふぐ」「玄海活きいか」「いかキムチ」「天然めかぶ」「あかもく」「鐘崎いりこ×3社」「塩わかめ」「幻の松前寿司」「いりこクラブ」「ひじき餅」「ちり酢」「神郡大社饅頭」。

里の道……「(日本酒) 沖ノ島・楢の露・大吟醸神郡宗像」「神酒宗像」「幻のきじ馬」「とんぼだま」「総桐小箱」「鎮国饅頭」「(エッチンググラス) かのこゆり・正助灰皿」「宗像赤鶏めし弁当」「(宗像赤鶏めしの素) 情熱の赤」「ストロベリー大福」「大島甘夏饅頭」。

畦の道……「南郷うどん粉・南郷きな粉」「宗像育ちのお醤油」「あわせ味噌宗像さん」「いちじくジャム」「きなっ粉」「キウイフルーツ」「米・麦調合味噌」「宗像天平（てんぺ）」「テンぺあられ」「テンぺ入り味噌」「テンぺクッキー」「かむかむ味噌ロールクッキー」「黒ぼー」「きな粉あめ緑茶入り」「テンぺ入りパワー大豆」「うるち米、ねぎ、ごぼう、ナバナ、しゅんぎく」「はとむぎあられ・塩あられ」「ポン酢・さしみ醤油」「おからクッキー」「レモンジャム」

特産品ブランド「むなかた季良里」コーナー

「ももちゃんプリン」「焼プリン」「むなかた豆乳ぷりん」「電子米」。

野山の道……「（椿油）花一滴」「漆塗り・そばこね鉢・ウレタン塗りの盆皿」「ふたもの・皿・お盆・茶筒・ゴブレット」「くすのき防虫剤くすのきかおる」「ペーパーナイフ」「コーヒーカップ・湯のみ・お茶碗・半月皿・玄海土人形・お地蔵様・玄ろくさん・土鈴」。

なお、道の駅「むなかた」では物産直売所の売場内にも「むなかた季良里コーナー」が設置されており、来訪者に対して宗像ブランドの発信基地としての役割を果たしている。

四　今後の課題と可能性

恵まれた立地と豊富な地域資源を背景に徹底した地産地消の実践により業績を伸ばしてきた道の駅「むなかた」では、猛暑による農産物への影響が心配された三年目の二〇一〇年度もほぼ前年並みの実績を達成しつつある。道の駅「むなかた」は、福岡県内を中心に購読されている地元タウン情報誌で「九州一の道の駅」と称されたことで、二〇一一年二月にはＮＨＫの全国放送ニュース番組の「産直ＬＩＶＥ」コーナーでも取り上げられるなど、全国的にも知られる存在になりつつある。

それでは、認知度の向上とともに業績も好調な同施設に課題は存在するのだろうか。以下、中長期的に想定される道の駅「むなかた」の課題について需要供給の双方から整理してみたい。

まずは、需要面での課題として道の駅利用者の約三分の一を占める宗像市の人口減少があげられる。北九州、福岡両市のベッドタウンとして急速に都市化が進んだ結果、長らく人口増加が続いてきた同市も、二〇一〇年を境に人口減少社会への仲間入りが予想されている。加えて、一九六〇～七〇年代にマイホーム購入を機に転入し、急成長都市宗像市を支えてきた現役世代の加齢があげられる。鉄鋼関連産業や炭鉱で繁栄した近隣の北九州市や筑豊地域が直面してき

図2—1　宗像市の漁業・農業就業者の年齢構成

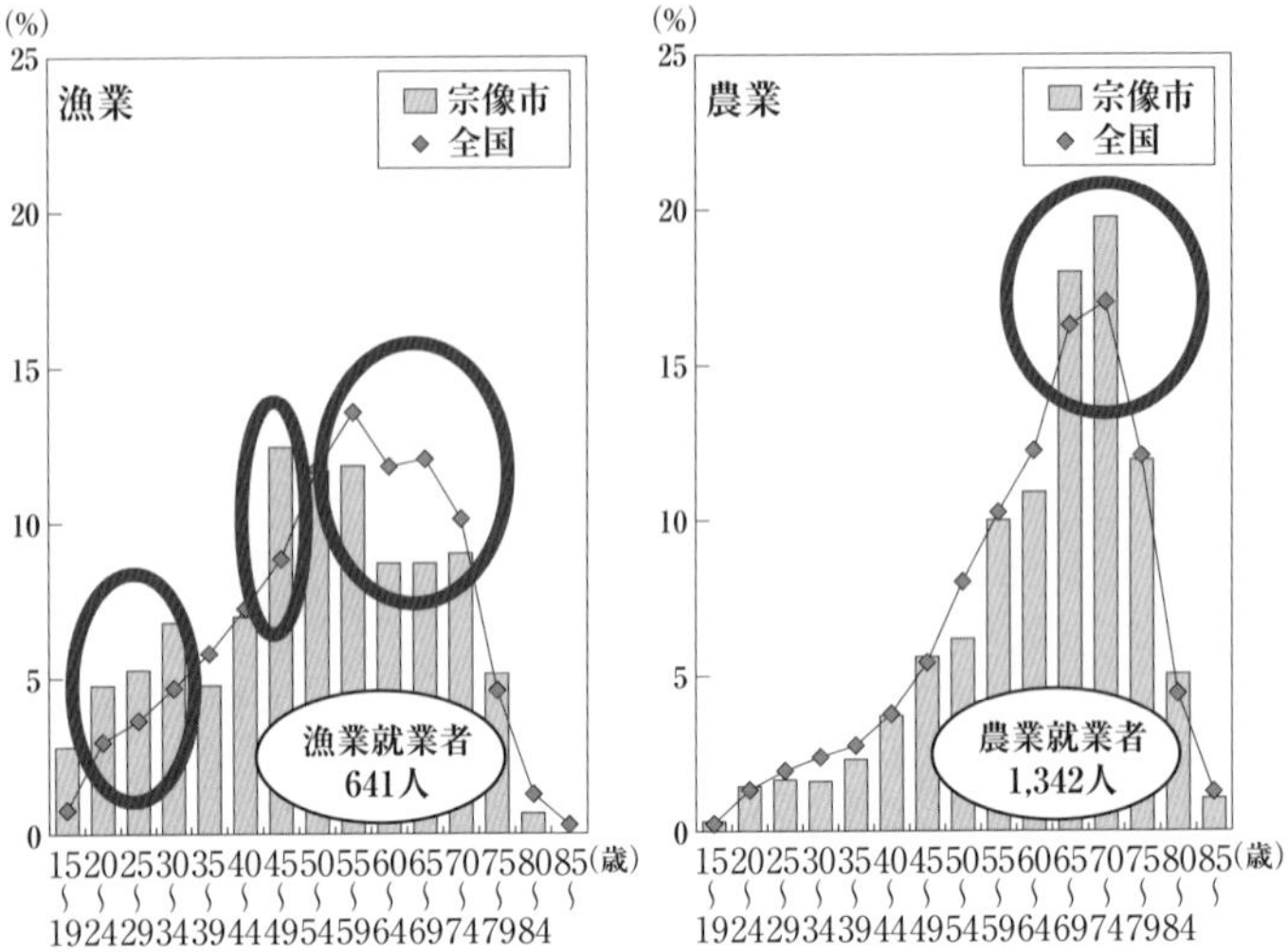

資料：2005年国勢調査より筆者作成

た高齢化社会への対応も不可避となるであろう。特に、マイカーを利用できない交通弱者対策は、全国的にもクルマ利用を前提とした道の駅や直売所事業に共通した課題となる。

一方、供給面での課題は道の駅の主要商品である一次産品生産者の後継者問題である。宗像市の農業・漁業就業者の年齢構成（二〇〇五年国勢調査時点）を比較してみると、漁業では四〇代後半の担い手層に加えて二〇代から三〇代の後継者層が存在している。一方で、農業は全国と同様に高齢化が進んでおり、将来的な事業の継続に不安があることがわかる（図2—1）。

今後も宗像市とその周辺地域が一定数の生産者層を維持していくためには、個々の生産者のレベルアップに加えて、第一次産業における後継者問題に取り組む全国のほとんどの地域が実施しているように、域外から新たな担い手人材を誘致する姿勢も求められよう。

道の駅「むなかた」が今年度の活動テーマとして掲げている「まちの駅・ひとの駅」には、道の駅が地域の魅力を発信し続ける拠点・地域の顔となることと併せて、生産者と消費者が単なるモノの売り買いを超えてつながる出会いの場となることが宣言されている。

道の駅「むなかた」が今後も地元産品にこだわり、その活動を継続していくためには、新鮮で安全・安心かつ特徴ある一次産品と、これを生み出す人間、すなわち生産者の存在が不可欠である。

「それぞれの生産者に早く一人前の〝商売人〟になって欲しい」という花田代表取締役の言葉が示すように、個々の生産者が切磋琢磨し合い、常に「時代のニーズ」を捉えた商品を開発・提供し続けることこそが、道の駅が真の地域産業の拠点たりうる鍵となるのではないだろうか。

第3章　栃木県小山市

地産地消とブランド発信を目指して推進
――地域の「顔」として総力を結集「思川」

関　満博

小山市は栃木県南部の拠点都市であり、面積一七一平方キロ、人口一五万九〇五五人（二〇一〇年三月末）を数える。栃木県では県都宇都宮市（人口五〇万五八〇四人）に次ぐ第二の都市ということになる。関東平野のほぼ中央に位置し、また、東京からわずか六〇キロ離れているにすぎない。鉄道は南北にJR東北新幹線とJR宇都宮線が貫通し、小山駅からは新幹線で東京駅まで四五分である。東西は東からJR水戸線、西からJR両毛線が小山駅で結節している。道路は国道四号と新四号国道、国道五〇号が交わるなど交通の要衝となっている。

このような位置的条件から、首都圏に対する近郊農業基地としての性格を強め、米麦園芸作物、畜産を中心として多様な農業を発展させてきた。かんぴょうの生産は全国第一位、白菜、レタス、キュウリ、スイカ、キャベツは農業県である栃木県の中でも第一位を占め、ニンジン、カボチャ、ダイコン、トマト、ナス、ネギ等も栃木県の中で上位を占めている。また、花卉については栃木県第二位、大輪菊、シクラメン、パンジー、カーネーションなども盛んに栽培されている。畜産も黒毛和牛（小山和牛）の肥育頭数は栃木県第一位となっている。

このような農畜産業を発展させてきたものの、これまでは首都圏への出荷を主としてきたため、地元で生産されたものが地元の消費者の台所に届かないという状況を形成してきた。関東平野の農業地帯である栃木県南部、千葉県北部、茨城県南部はほぼ同様の状況に置かれてきたのであった。

このような状況に対し、小山市は二〇〇一年度に「小山ブランド創生事業」を意識し、『(仮称)都市と農村交流センター基本構想』[1]をまとめあげている。その「はじめに」では、基本構想の目的を以下のようにうたっている。「総合計画の位置づけにもとづき、都市と農村の交流、地産地消を掲げ、地元で生産された農畜産物をブランド化し付加価値をつけるため、『小山ブランド創生』の御旗のもと交通の要衝である立地条件を最大限活かし、〝都市と農村の交流〟〝地産地消の推進〟〝農畜産物のPR〟等につながる拠点の計画を推進します」としている。

このように、小山市においては、基幹産業である農畜産業を見直し、単なる首都圏への供給基地としてではなく、地域の自立的発展を目指すものとして「小山ブランドの創生」「都市と農村交流センター」が構想されていくのであった。

一　地域の力を合わせる

道の駅の登録が開始されたのは一九九三年四月。その後、全国的に道の駅への関心が深まっていく。小山市においても一九九六年には市役所内部で「道の駅調査研究会」を発足させ、九七年五月には市制五〇周年（一九五四年三月市制施行）の記念事業として新四号国道及び国道五〇号沿線に道の駅を整備していくことを提案している。小山市の道の駅「思川」がオープンするのは二〇〇六年四月であるが、研究会がスタートし、そこに至るまでには一〇年の月日が重なっていたのである。

事業化への足取り

研究会報告が提出された一九九七年の頃には、国土交通省の補助がなくなり、空白の期間が生じていく。その間、小山市では二〇〇〇年一一月に「小山ブランド創生プロジェクト」を発足させ、農畜産物直売所、加工所、農村レストラン等と道の駅を絡めた小山ブランドづくりのための「施設」の建設が検討されていった。そして、先に見た『(仮称）都市と農村交流センター基本構想』が二〇〇二年三月に策定されていった。

この間、二〇〇一年五月には「道の駅設置庁内部門間調整会議」が発足、同年八月には委員全員が民間事業者から構成される「小山ブランド創生協議会」を発足させている。この協議会は道の駅実現に向けて重要な役割を果たし、具体的に小山総合交流拠点の設置検討を重ねていくことになる。そして、その後の展開は速い。(2)

- 二〇〇二年八月　地元説明会（中穂積地区の農政推進員、集落、農業委員会）の実施、「直売所、加工所、農村レストランの設置等に関する営農意向調査」の実施。
- 　　　　一〇月　小山ブランド創生協議会で設置場所決定。
- 二〇〇三年三月　農林水産省補助「経営構造策定構想（直売所、加工所、農村レストラン）」「農村振興総合整備実施計画書（コミュニティ施設、農村公園）」策定。
- 　　　　九月　「（仮称）道の駅・都市と農村の交流センター建設工事実施設計」委託契約。
- 　　　　一二月　「小山市地域の農業の振興に関する計画（農振の除外）」承認。
- 二〇〇四年一月　「加工事業準備委員会」「直売事業準備委員会」設立。
- 　　　　九月　アイス、パン饅頭、惣菜、豆腐ゆば、ジュース、ジャム、漬物、納豆の八分科会設立。これらの八部門は小山市の代表的な加工品を採り上げた。
土地取得、造成工事、建設工事（二カ年）。
一〇月　起工式。
●二〇〇五年四月　東武宇都宮百貨店と人材派遣業務委託契約。物産販売商品募集開始。
五月　出資者説明会。
七月　名称を道の駅「思川」に決定。
八月　栃木県内一四カ所目の道の駅として、道の駅「思川」登録。
九月　第三セクター「㈱小山ブランド思川」設立。
一〇月　「ＪＡおやま道の駅思川直売所利用部会」設立総会。
一一月　レストランテナント選定。
●二〇〇六年四月　㈱小山ブランド思川を指定管理者に指定。
道の駅思川グランドオープン（四月二九日）。

このように、地域の総力を結集して計画された道の駅「思川」は、しっかりとした手順を踏んで具体的な事業化を進めていったのであった。この思川のケースは、市町村の主要事業として取り組まれていく場合の典型的なものとして注目される。

図3—1　道の駅「思川」の配置図

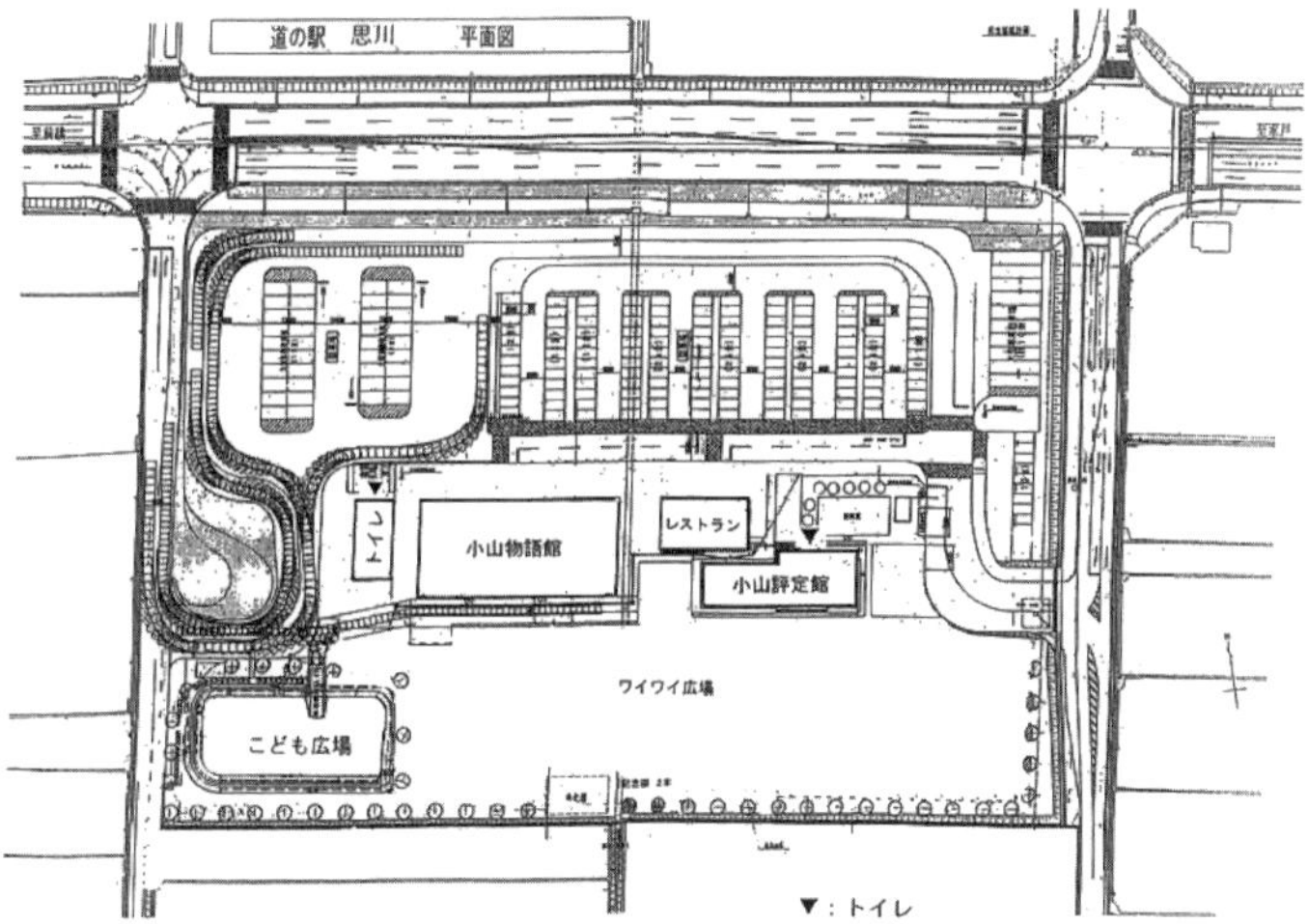

資料：小山市役所

道の駅「思川」の事業規模と事業費

農林水産省補助の「経営構造対策事業」「農村振興総合整備事業」を基本としたことから、施設整備は「小山物語館（直売、物産、加工、情報発信施設）」、「レストラン、SAKURA」、コミュニティ施設の「小山評定館」「駐車場」「ワイワイ広場」から構成されることになった。

総事業費は一五億七五五三万円。国三億三五三二万円（約二一・三％）、栃木県三億七六二万円（約二・四％）、小山市一二億〇二五九万円（約七六・三％）の構成となった。なお、小山市分のうち、八億〇五九〇万円は起債、三億九六六九万円は一般財源から充当された。

用地面積は三・三ヘクタール。用地買収等

二億九二一一万円、駐車場等整備三億一五五四万円、拠点施設整備（小山物語館、レストラン等）七億〇六七六万円、コミュニティ施設（小山評定館、農村公園［ワイワイ広場］等）一億四〇八八万円等であった。

小山物語館等の拠点施設については次節で検討することにして、その他施設の概要は以下の通りである。

駐車場　普通車一五三台、大型車二九台、身障者用三台、計一八五台。

トイレ　男性（小）一四、（大）五、女性一六、身障者用三、計三八。

情報発信コーナー　大型ディスプレイ二台（天気、渋滞情報等）、情報端末機一台（道路、気象、観光情報提供）。

ワイワイ広場　面積八二二一平方メートル。グランドゴルフ場（四〇×六〇メートル二面）、ゲートボール場（一五×二〇メートル）四面、ベンチ、水飲み場、子供用遊具等。

その他　公衆電話、郵便ポスト。

小山評定館　地上一階、延床面積四九四平方メートル。大研修室三室（一二一平方メートル、五〇平方メートル、二七平方メートル）、研修室（カーペット、二四平方メートル）、研修室（畳、三六平方メートル）、料理実習室（五〇平方メートル）から構成されている。
国道五〇号に面し、大規模な駐車場があることから利便性に優れ、コミュニティ施設の小山評定館やワイワイ広場の利用度は高い。研修室はいつもほぼ満室になっているようであった。

㈱小山ブランド思川

なお、この施設全体の管理運営に関しては、二〇〇五年一〇日に設立登記された第三セクターの㈱小山ブランド思川が指定管理者に就いている。なお、この小山ブランド思川の資本金は五一〇〇万円、出資比率は小山市六八・六%、JAおやま一九・六%、小山商工会議所、商工会（三団体）で五%、足利銀行等の金融機関で一%、その他五・七%である。

大研修室では市民の展示会が開催される

なお、この小山ブランド思川の社長は大久保寿夫小山市長、従業員数は五人、それに加えてパートタイマー一八人で運営されていた。施設全体の管理、小山物語館の経営に携わっていた。なお、設立当初、東武宇都宮百貨店と契約を結び、管理運営に関わる人材（支配人）を派遣してもらっていたが、ノウハウが蓄積されたとして、三年目以降は元小山市企画部長の高山正勝氏が支配人に就いていた。

二 農産物直売部門のにぎわい

この道の駅「思川」の拠点的な施設が小山物語館とレストランであろう。建物の設計は姉妹関係にあるオーストラリアのケアンズ風のものとされ、他の道の駅に比べて空間に余裕のある鉄筋コンクリート造であった。

道の駅「思川」の小山物語館とレストラン

拠点施設「小山物語館」の農産物直売所

基幹施設の小山物語館は地上一階建、延床面積は一一八九平方メートルにのぼる。この施設は大きく農産物直売、物販、加工所、情報センターの四つの部分から構成されている。

最大の焦点は農産物直売所であり、面積四四〇平方メートルとかなり広く、JAおやま道の駅思川農産物直売所利用部会が運営にあたっている。実際にはJAおやまの職員が管理している。部会のメンバーは一四九名。野菜、果物、花卉、米、加工品等を販売している。当初、会

直売部門には野菜が豊富に

員を集めることに苦労したが、その後、繁盛していることが伝わり、会員は大幅に増えた。
営業時間は九時から一九時。手数料は一五％、一〇％をＪＡ、五％を小山市に納めていた。直売所の場合、昼頃には品物がなくなるなどと言われるが、この直売所は足りなくなった場合は、ＪＡの集荷場から入れて補っていた。常時出荷している農家は会員の半分程度であった。このあたりも直売所の一般的な傾向であろう。会員の登録は女性名である場合が多い。

農産物直売と物産コーナー

売上額のトップは一〇〇〇万円超、野菜の専業農家であった。二番目は一〇〇〇万円弱の野菜と餅加工農家であり、三番目はナスを

「安全・安心」の小山産のネギ

中心とした専業農家で約七五〇万円、四番目は約七〇〇万円の花卉農家であった。かなり成功している直売所の雰囲気を漂わせていた。この点、この餅加工の農家の場合は、朝二時に餅をつき、切って持ってくるものであり、午後になっても柔らかいと評判を呼んでいた。この直売所を通じて、近隣の農家は勇気づけられているようであった。

この農産物直売部門の横に「物産コーナー」がある。清酒、漬物などの小山ブランド品を中心に地元の物産を展示販売している。面積は一四六平方メートルと直売所の約三分の一のスペースであった。参加企業数は一〇九社、うち市内企業六五社であった。なお、この物産コーナーについては、㈱小山ブランド思川が受託し運営にあたっていた。年間売上額は約三億三〇〇〇万円、手数料は二一％、市外の業者の場合は三一％に設定されていた。

道の駅の仕組みがスタートした頃には、農産物の直売は屋外の軒下やテントなどであったのだが、その後、次第に人気事業となり、近年設立されている道の駅の場合は、当初から物産販売部門に比べて面積を大きく取り始めている。この思川のケースはその典型のように思う。

また、この農産物直売の部門はＪＡの管理運営とされているため、ＪＡの組合員でないと出荷できない。このような事態に対して、指定管理者の㈱小山ブランド思川は建物に隣接して一〇〇平方メートルほどを増床し、非ＪＡ組合員も受け入れていく方向で調整していた。今後、非ＪＡ組合員の特色のある農産物、加工品が並べられていくことが期待される。

三　加工工房とレストランの展開

当初の道の駅の場合、基本的な施設としては、駐車場、トイレに加え、お土産品等の物販、レストラン、休憩所、情報センターが用意されていた。その後、次第に農産物の直売の比重が高まり、また、農畜産物の加工所を併設していく場合が増えてきた。この道の駅「思川」の場合は、後発の優位性を活かし、設置当初から先の農産物直売に加え、興味深い加工所とレストランが展開していた。

八カ所も設置されている加工工房

全国の道の駅を見慣れた目からすると、この道の駅「思川」の最大の特色の一つは、加工工房が八カ所も設置されていることだと思う。

加工工房全体の面積は三二五平方メートル、農産物直売・物販に接して設置されている。アイスクリーム（二二・三平方メートル）、惣菜（四八・六平方メートル）、豆腐（四七平方メートル）、パン饅頭（四六・九平方メートル）、ジャム（一七・一平方メートル）、ジュース（二八・五平方メートル）、漬物（四六・二平方メートル）、納豆（三六・四平方メートル）であった。

これらの部門は小山市の特産物というべきものであり、そうした特色のある加工品をアピールしていく意味から設置されている。各部門の生産設備は用意されており、道の駅の完成前の二〇〇四年九月から八分科会を設置し、研究を重ねてきた。

アイス工房カウベルは、市内の酪農家五人によるものであり、はとむぎ、古代米、イチゴのとちおとめ、バニラ、抹茶等のアイスクリーム、ジェラートを生産している。売上額二八〇〇

アイス工房カウベル

豆腐工房

万円に達していた。

パン工房ランコントルは、市外のパン屋の支店であり、米粉パン、バタール、デニッシュのパンなどを製造販売している。

物菜工房美田の郷は、地元の女性一六人によるものであり、五目おこわ、赤飯、小山コロッケ、小山和牛寿司、天ぷら等を作っていた。売上額は四〇〇〇万円に達していた。

漬物工房旬菜は、市内の企業が進出しているものであり、タマネギの紫蘇風味噌漬け、思川ごぼうなどの漬物を製造している。

物菜工房で作られた弁当類

豆腐工房大地は、四人の女性たちが市内の豆腐屋の指導を受けてスタートしたものであり、ごま豆腐、木綿豆腐、絹豆腐、生揚げ、枝豆豆腐、野菜がんもなどを製造している。
大豆工房おらがは、市外の人が小山産の大豆を用いて納豆、おからケーキなどを生産している。
ジャム工房苺林柑は、市外の人が小山産の材料でイチゴ、キウイ、梨、柿等のジャムを製造していた。

ジュース工房彩果も、市外の人が地元材料を用いてイチゴ、リンゴ等のジュースを作っていたのだが、撤退している。

直売所を加工所が取り囲み、独特のにぎわいを醸し出していた。古い市場などで見られた猥雑な楽しさが、現代的な建物の中で再現されているようにみえた。なお、各工房は手数料の形で一二％を小山市に納付していた。

栃木県で有数の道の駅に

この小山物語館の年間売上額目標は四億五〇〇〇万円でスタートしたのだが、初年度の二〇〇六年度にレジ通過者約七〇万人、売上額八億五七〇〇万円に達した。当初から目標の二倍に達したことになる。その後も、二〇〇七年、約六七万人、九億三一〇〇万円、二〇〇八年、約七〇万人、一〇億一三〇〇万円、二〇〇九年、七一万人、一〇億四〇〇〇万円、そして、二〇一〇年度は売上額一〇億七〇〇〇万円が見込まれていた。

栃木県の道の駅の中では、入込数は第一位、売上額は佐野市の道の駅「どまんなかたぬま」の約一三億円に次ぐ第二位とされていた。

また、隣接するコミュニティ施設の「小山評定館」の利用客数も多く、二〇〇六年度の利用件数は六九三件、利用者数六万一八七六人から拡大し、二〇〇九年度は九六八件、八万三六四五人となっていた。年間のスケジュールはほぼ埋まっていた。大きな駐車場を備え、直売所、加工所、レストランといった施設（小山物語館）とコミュニティ施設（小山評定館）が隣接し、さらに市民公園（ワイワイ広場）が一体となり、市民に親しまれるものになってきたのであろう。

レストランの課題

直売・物販施設に隣接するレストラン「ＳＡＫＵＲＡ」は地上一階、延床面積二九九・八平方メートル、席数（畳席、椅子席）九六を数える。当初から小山市内の代表的なホテルである小山グランドホテルに委託している。ホテル側は「小山で最高レベルの食を提供」することを目指しており、価格は高めに設定されている。地元の人びとに高いレベルの食を提供しようとするものであるようにみえる。また、メニューの数があまり多くない。

さらに、材料についてはホテルが一括仕入れをしており、地産地消というわけでもない。小山物語館のものとしては米だけは利用している。また、団体、宴会の受け皿がないことなどが指摘されていた。このため、経営状態は必ずしも芳しいものではなく、採算ギリギリとされていた。農畜産物の直売が好調なのとはやや対照をなしているようにみえた。

このような道の駅のレストランの場合、地元客を意識するのか、あるいは遠方からの客を意識するのかによって、提供する食の種類は変わっていくであろう。道の駅「思川」の入込客の三六％程度は小山市内の人びとであり、残りは県内から茨城県、群馬県、さらに首都圏の人びととされる。

少なくとも、首都圏から訪れた私たちにとって、ホテル経営のレストランのメニューは魅力に欠ける。数年の経験から、経営があまり芳しいものではないとするならば、地産地消を意識した郷土料理への転換が必要なのではないかと思う。

四　新たなステージに向かう道の駅

首都圏への近郊農業基地を形成してきた小山市は、地域を豊かにしていくための一つの拠点として総力を結集して道の駅「思川」を形成してきた。大きな駐車場、トイレ、休憩所、物販、農産物直売、レストランといった道の駅を構成する基本的要素に加え、地域のコミュニティ施設を合築し、にぎわいのある環境を形成することに成功している。設立の初年度から目標の売上額の倍の実績を示し、入込数では栃木県第一位となっていった。

近年、道の駅の建設は各市町村の産業振興・交流拠点としての意識が強くなり、地域をあげての取り組みとなっている場合が少なくない。そのような取り組みの一つの典型として、この道の駅「思川」が位置づけられるであろう。入込数が多く、売上額が大きいことは人びとに支持されていることを示している。

この道の駅「思川」の場合は、初年度から黒字を計上し、市に施設使用料として年間五六〇〇万円を支払い、さらに約四〇〇〇万円の利益も計上しているのである。第三セクターによる経営の難しさが指摘されるが、道の駅「思川」の場合は、まずは成功ということができるであろう。小山物語館の配置は見事なものであり、農産物の直売と加工所を軸に道の駅のこれからに重大な示唆を与えている。

ただし、将来に向けての課題がないわけでない。栃木県農林振興課が把握している範囲で、栃木県内では二〇一二年度までに四カ所の道の駅の整備が推進されている。下野市、矢板市、市貝町、塩谷町である。これらの中でも二〇一一年三月に供用開始となる下野市の道の駅は新国道四号沿いの小山市とは至近の距離であり、敷地面積三・三ヘクタール、交流施設面積一四六〇平方メートルと道の駅「思川」の規模とさほど変わらない。これらとの新たな競争が生じていくことが予想される。

近年の傾向として、各地の道の駅の成功に刺激され、各自治体の総力を結集する道の駅の建設が進んでいる。そのような自治体間の競争という新たな環境が刺激的なものとなり、全体が内面の高度化を推し進めていくことが期待される。道の駅も一つの時代を過ぎ、内面の高度化、差別化が求められる時代に入ってきたのである。

その場合、提供される農畜産物、加工品の質的高度化が不可欠であり、不断の努力を重ねていくことが基本となろう。さらに「食」の部分の充実が必要なのではないか。その土地の思いのこもった郷土食の提供、そこに関わっている人びとのホスピタリティ、そして、地域の中に入っていく仕組みづくりが重要性を帯びてくるのではないか。

成熟した私たちは見かけ上の華やかさには厭きている。本物の暮らしを求め、また地域に「発見」と「感動」を求めている。道の駅に重ねられている農畜産物と加工品、そして郷土食が地域に関心を寄せる入り口として機能し始めている。そのような流れをどのように受け止めていくかが問われているのではないか。

日本発の「道の駅」がスタートして一八年、道の駅は各市町村の産業振興拠点、交流拠点としての意味を深めてきた。そのような流れの中で、道の駅「思川」も一つの成功を納めてきた。そして、次のステージはそれをさらに豊かなものにしていくというものであろう。その姿は漠として定かでないが、「農」と「食」と「暮らし」の中にあるのではないかと思う。道の駅は「地域との出会いの場」としてさらに進化していくことが期待されているのである。

（1）小山市『「(仮称) 都市と農村交流センター」基本構想』二〇〇二年三月。
（2）以下の事情については、小山市農政課『「道の駅思川」事業概要』刊年不明、を参照した。

第4章　群馬県川場村

村の自立を目指す「農業プラス観光」路線の集大成

——村のタウンサイトとして機能する「川場田園プラザ」

立川寛之

昨今、人気を博している道の駅は、一九九三年四月二二日に登録制度をスタートし、初年度一〇三カ所が登録されて以来、瞬く間に増加し二〇一一年三月三日現在で九七〇駅[1]が登録されるなど、全国各地に整備されている。関東だけでも一五三カ所（ここでいう関東は、一都六県に加え、山梨県、長野県を含む）存在するなど、群雄割拠の様相を呈する中、関東「道の駅」連絡会が実施したアンケートで、五年連続第一位に輝いた道の駅が「川場田園プラザ[2]」（以下「田園プラザ」）である。

田園プラザが、登録されたのは一九九六年であるが、当初は道の駅として整備されたものではない。一九七一年に過疎地域に指定された同村が、三〇年余にわたり自立に向け一貫して展開してきた「農業プラス観光」の村づくりの集大成として整備された施設である。本章では、川場村が実践してきた地域振興策、そして田園プラザを核とした観光化の取り組みを紹介する。

一　過疎指定からの脱却、そして自立の道へ

平成の大合併の折、川場村が大きな話題となったのが、世田谷区との越境合併の噂である。二〇〇二年二月一七日の『朝日新聞』に掲載された記事が発端であるが、当時法的には問題無いとの見解があり、その動向が注目された。結果として実現はしなかったものの、このような話題が上る背景には、世田谷区と川場村の二〇年来にわたる交流の歴史が横たわっている。田園プラザの整備には、綿々と築き上げて来た「農業プラス観光」による自主自立のむらづくり、その一環で展開された世田谷区との交流事業が背景となっている。

川場田園プラザ

「農業プラス観光」路線の始まり

群馬県利根郡川場村は、深田久弥氏の『日本百名山』の中に採り上げられている武尊山の南麓に位置する。北に片品村、みなかみ町（旧月夜野町、水上町、新治村）と接し、南に沼田市（二〇〇五年、白沢村、利根村を編入）と接する。元々は一八八九年の町村制施行

に伴い、門前組、天神組、谷地村、川場湯原村、中野村、萩室村、立岩村、生品村、小田川村、太田川村の二組八村の合併により誕生した。村内には、薄根川、桜川、溝又川、田沢川、田代川といった五つの一級河川が流れ、川の多いところから「川場」という地名となったとされている。

村の面積は、八五・二九平方キロ、総面積の九一%が山林、原野であり、農用地は約七%の農山村である。人口三六五三人、世帯数一〇七八戸である（いずれも二〇〇九年四月一日住民基本台帳による）。川場村は一九五五年国勢調査時の五三七六人をピークに、一九七〇年国勢調査時には四一〇九人へと、高度経済成長の時代に急激な人口減少にみまわれ、七一年に過疎地域の指定を受けることとなった。そうした危機感をテコに二〇〇〇年の過疎地域脱却までの間、二九年にわたり様々な挑戦を重ねてきた。

一九七七年、時の村長永井鶴二氏（故人）が、川場村の基幹産業は農業であり、それに付随する観光をむらづくりの基本路線とした「農業プラス観光」のむらづくりをスタートさせた。その手始めに取り組んだ事業が圃場整備である。中山間地域ゆえに小規模農地が多かったことから、圃場を整備し農地の大規模化を図った。一九六〇年代の主作物は、米、養蚕、こんにゃく芋であったが、七〇年代以降は、養蚕が減少する反面、りんご、生乳の生産が増加し、現在は稲作に加え、果樹栽培が盛んになっている。特に、りんごは増反を行いながら収量を上げ、現在では生産量八〇〇トンを誇り、米の生産量に迫る勢いである。さらに、一九八〇年代後半から取り組み出したブルーベリー生産も軌道に乗り、生産量は四〇トンに上り、全国第二位の産地である群馬県の中で、川場村が市町村別では県内一の産地となっている。

また、農作物のブランド化にも注力している。成功例としては、川場村産コシヒカリ「雪ほたか」である。川場村の恵まれた水質と土壌、そして寒暖の差が大きい気候といった条件が重なり、以前から良質な米が取れており、皇室への献上米としても知られている。「雪ほたか」の評価を不動のものとしたのが、「米・食味分析鑑定コンクール」と「お米日本一コンテスト」である。米・食味分析鑑定コンクールでは、二〇〇七年以来四年連続金賞。お米日本一コンテストでも、二〇〇九年度に最優秀賞を受賞し、川場村を代表するブランド産品となった。

観光化の起爆剤となった世田谷区民健康村事業

一方、「農業プラス観光」路線のもう一つの柱である観光化の取り組みとして、手始めに北海道の国鉄滝川機関区で現役を引退したD51蒸気機関車を川場村に移設し、これをシンボルとしたホテルSLを一九七六年にオープン。ホテルSLを核に、村役場周辺エリアにスポーツ施設、レストハウス、温泉施設、歴史民族資料館など、観光面での受け皿を次々と整備していった。

世田谷区民健康村ふじやまビレジ

写真提供：川場村

ほぼ時を同じくして、東京の世田谷区では基本計画の重点事業の一つとして「第二のふるさとづくり」を位置づけ、一九七九年に区民健康村づくりプロジェクトチームを立ち上げ、調査研究を重ねていた。世田谷区では、候補地を選定するにあたり、関東六県に加え静岡、長野、山梨、福島県に健康村の立地候補地の推薦を依頼した結果、五二市町村の候補地が紹介された。

これら候補地のヒアリング調査を重ね、一八町村を第一次候補地として絞り込み、最終的に世田谷区とのアクセス性（関越道沼田ＩＣからの至便性）、村のロケーション（田園風景）、そして村の取り組み姿勢が評価され川場村に決定したのである。そして、一九八一年には、世田谷区と川場村との間で区民健康村相互協力協定が締結された(3)。両自治体の関係は、いわゆる姉妹都市の関係を超えて「縁組協定」と称している。これは、単に川場村に区の施設を建設するという関係を超えて、区民と村民との交流に根ざし、一体となって村づくり、田園風景の維持を図ろうとする意思の表れであろう。

縁組協定後、区民健康村の候補地選定や地権者との折衝に六年を要し、一九八六年、川場村の富士山地区と中野地区にそれぞれ「ふじやまビレジ」「なかのビレジ」として開村に至る。

ふじやまビレジは、敷地面積一一万平方メートル、延床面積五〇〇〇平方メートル、収容人数一一四人。なかのビレジは、敷地面積一五万平方メートル、延床面積五〇〇〇平方メートル、収容人数一〇五人の規模となった。区民健康村の両施設を運営するのは、世田谷区七五%、川場村二五%の共同出資により資本金四〇〇〇万円で設立された㈱世田谷川場ふるさと公社である。開村以来、区民健康村の利用者は一五〇万人、年平均七万人となっている。

「友好の森事業」の推進

健康村事業が一〇周年を迎えた一九九二年、世田谷区と川場村は「友好の森事業に関する相互協力協定」を締結した。これは、健康村「なかのビレジ」の裏山約八〇ヘクタールを協働で整備しようとするものである。利根川の上流域である川場村の自然環境は、下流域に位置する世田谷区民にとっての財産であるとの認識の下、区民と村民が協働で維持しようという試みとなった。これは、一九八八年に川場村が総合保養地整備法の重点整備地区に指定され、また関越自動車道や上越新幹線の開通など交通アクセスの向上により、リゾート開発関連企業からの開発圧力の高まりが背景となっている。

この友好の森事業を推進するにあたり、森林保全の担い手を養成するため「森林（やま）づくり塾」を開講するなど人づくりにも余念がない。その後、二〇〇五年には①文化交流事業、

②後山の整備事業、③川場農産物のブランド化推進、④農業塾の開設、⑤茅葺塾の開設の五項目の共同宣言により、区民健康村事業はさらなる進化を遂げている。

二　「農業プラス観光」の集大成

関越自動車道沼田ＩＣを下り、県道六四号平川横塚線を車で一〇分程度走り、利根沼田望郷ラインとの交差点付近に差し掛かると、田園プラザの広大な施設が目に飛び込んでくる。建物は、周辺の景観に配慮した落ち着いた建物となっており、敷地内に適度な間隔で配置され、散策路によって各施設が繋がれている。田園プラザは、川場村を訪れる世田谷区民や他地域からの観光客の声を反映し、ホスピタリティ向上を目指して構想された。

田園プラザ設立経緯

区民健康村事業が、一〇周年を目前に控えた一九九八年、「世田谷区民健康村第二期の運営と整備に関する指針」を検討する中、区民健康村の利用者からは、観光案内所、トイレ、飲食の場、特産品購入の場の要望が多く寄せられていた。また、当時川場村は、川場スキー場の開設などを経て、既に三〇万人もの観光入込数を誇る一大観光地となっており、いかに観光客のホスピタリティを高めるかが課題となっていた。こうした利用者の声を反映し、観光地として備えるべき機能を集約する形で田園プラザ構想を策定したのである。田園プラザ構想の基本理念は、行政、文化、宿泊機能が集積したホテルSL地区と並ぶ拠点として「川場村の商業、情報、ふれあいの核であるタウンサイトの形成を目指す」こととし、具体的には次の五項目を掲げている。

- 地場産品のPRと直販を進めてその消費拡大を促進する。
- 村民相互並びに村民と来村者の交流や情報交換の場とする。
- 来村者の飲食や買いまわりニーズに応えるとともに村内消費の拡大を図る。
- スキー場などへのシャトルバスの起終点など、村内の交通ターミナルとして機能する。
- 若者を中心とした就業機会を増やし、定住、UIターンなどを促進する。

これらの理念を掲げた構想は、一九九一年に川場村総合計画の主要事業として位置づけられ、翌年には、自治省（現総務省）による「特定地域における若者定住促進等緊急プロジェクト」の事業認定を受けた。そして一九九三年、運営主体として㈱田園プラザ川場（以下「㈱田園プラザ」）を発足、先陣を切ってミルク工房を稼動させたのである。㈱田園プラザは第三セクターであり、川場村が六〇％、残る四〇％を農協や商工会など九団体が出資し、資本金九〇〇〇万円で設立された。設立当初の社長は、構想策定に深く関わった三田育雄氏（現長野大学教

図4─1　田園プラザ園内マップ

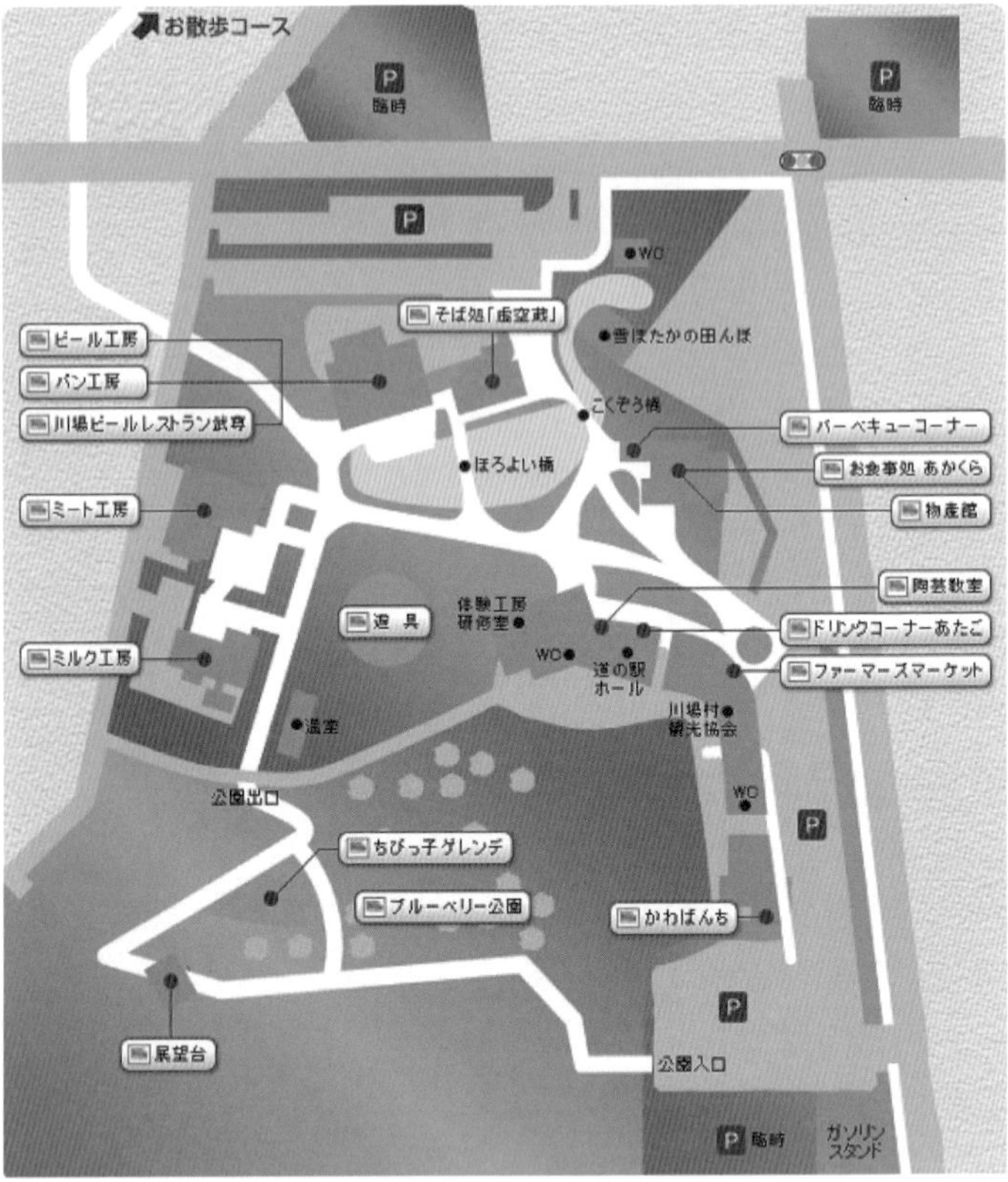

資料：川場田園プラザホームページ

授）。三田教授は、世田谷区民健康村プロジェクトチームの委員として同事業の構想策定にも関わっていた人物である。現在は三田教授が会長に退き、地元酒造会社を経営する永井彰一氏が代表取締役となっている。永井氏は、川場村における「農業プラス観光」の基本路線を提唱した故永井村長のご子息であり、その遺志は確実に継承されている。

田園プラザ事業の概要

田園プラザは、事業用地五ヘクタール、建物延床面積三三〇〇平方メートルと、数ある道の駅の中で突出した施設規模である。ミルク工房を皮切りにミート工房、ファーマーズマーケット、そば処「虚空蔵《こくぞう》」、ビール工房、パン工房、レストラン、物産館と次々建設し、一九九八年にグランドオープンを迎えている。駐車場は、小型車二五〇台、大型車一〇台、身体障害者用二台を確保。しかし、年間のレジ通過者八六万人を受け入れるにはキャパシティが足りず、道路の反対側に臨時駐車場を整備したが、それでもイベント開催時には収容しきれず川場村役場の駐車場に誘導、シャトルバスでピストン輸送することもある。総事業費は、三一億四〇〇〇万円。村の一般財源一億九〇〇〇万円、国と県の補助金を合わせて九億四四〇〇万円、残りは過疎債など地方債を充てている。

田園プラザの整備は、用地取得、施設建設、設備導入に至るまで川場村が行い、その上で運営を㈱田園プラザが担っている。各工房やレストランなど収益施設については、施設に係る減価償却費などから算定し、年間約三〇〇〇万円の使用料を支払う形で運営している。非収益施設であるトイレ、駐車場、広場などは、指定管理者として管理を受託している。

田園プラザは、開設以来グランドオープンまで五年間かけて段階的に整備してきた。これにより各工房を軌道に乗せながら新たな施設に着手出来たこと、市場の動向を見ながら軌道修正を図るという柔軟な手法を川場村行政も許容したことで、リスクを最小限にしながら経営基盤を整えることが出来、開業四年目にして黒字に転換している。特に一九九八年のグランドオープンを皮切りに右肩上がりで入込数、売上額ともに伸ばし、二〇〇九年度の入込数は八六万人、売上高七億六四〇〇万円と前年比一一〇％近くの伸びを示し、経常利益も約二一〇〇万円となっている。

三　個性豊かな施設群

関東の好きな道の駅ナンバーワンに輝いた田園プラザ。利用者アンケートによれば、景観が綺麗でゆっくりできること、美味しいものが揃っていることが支持される理由となっている。景観は川場村が最も重視している点であり、独自に美しいむらづくり条例を制定し、民間資本による乱開発を抑えて来た経緯がある。広大な敷地にゆったりと施設が配置され、展望台からは眼下に広がる田園風景を望むことが出来る。さらに魅力を高めているのが、個性溢れる工房であろう。「農業プラス観光」を標榜する川場村らしく、地場の農畜産物を活用した加工品、料理を提供することで差別化を図っている。

各分野で評価される加工品

開設当初に稼動したミルク工房は当時、川場村内に一五あった酪農家で搾乳された生乳を村内で加工し消費するというコンセプトで整備された。稼動当初は、低温殺菌牛乳、ヨーグルト、アイスクリームを製造し、区民健康村、学校給食、田園プラザ内で飲用されていた。今では、飲むヨーグルトに特化しており、保存料、香料を一切使用しないというこだわりの商品で、贈答用としても大変な人気である。

人気の飲むヨーグルトと川場ビール

ビール工房は、当初村内にブドウ農家が多数存在することからワインという案も出たが、食用のブドウと醸造用のブドウは品種が異なること、またブドウの収穫時期を考えると工房の稼動期間が極端に短くなることから踏み切れずにいた。そうした中、一九九四年の酒税法改正によりビールの製造免許に必要な最低製造数量が二〇〇〇キロリットルから六〇キロリットルへと小口の製造が可能とされたことが

ミート工房の加工品

後押しとなって、川場の良質な水を活かすことが出来る地ビール製造に着手することにした。

田園プラザでは、各製造部門は基本的に社員による内製化を目指しており、ミルク製造では県内のメーカーで乳製品の製造ノウハウを学ばせている。地ビールも同様にビールメーカーに社員を送り込み製造ノウハウを学ばせている。ビール工房で製造された製品は、日本地ビール協会主催の「ジャパン・アジア・ビアカップ」において二年連続入賞するなど高い評価を得ている。

ミート工房は、世田谷区の住民で本場ドイツのデュッセルドルフで修業を積み、ゲセレ（ドイツ語で「職人」の意）資格を取得した方が、区と交流のあった川場村で自らの工房を持つという夢を実現させたものである。ハム、ソーセージは、丁寧に手作りされており、川場の山桜のチップでスモークするなどこだわりの逸品である。本場ドイツの食肉製品コンテスト「ＳＵＦＦＡ」において、金賞、銀賞に入賞している。

パン工房では、地産地消を意識し、地元産リンゴを使用したアップルパイ、川場産ブランド米「雪ほたか」の米粉を使用した米粉パンなどを販売。また、地粉を使った「おばあちゃん焼き」は、つぶあん、こし餡、チーズの定番三種のほか、季節によりふき味噌、からし味噌など中身を変えている。

このほか、田園プラザ内には、川場産の地粉を使った手打ち蕎麦を振舞う「そば処虚空蔵」、地ビールレストラン武尊、食事処あかくら、川場産コシヒカリ「雪ほたか」で作るおにぎりを販売する「かわばんち」、そして物産館などの施設が立ち並ぶ。また、敷地内には五〇〇〇本のブルーベリーが植えられたブルーベリー公園があり、夏にはブルーベリーの摘み取りを体験出来るなど、一般的な道の駅とは異なり、買い物や休憩に留まらず園内を散策しているだけでも楽しい施設である。

農産物直売所「ファーマーズマーケット」

農産物直売所は、昨今多くの道の駅に設置されるようになり、今や集客の要ともいうべき存

ファーマーズマーケットの新鮮野菜

在になっている。田園プラザの農産物直売所「ファーマーズマーケット」は、売場面積三一七平方メートル、三七三戸の農家が登録している。開設当初の一九九五年には、九〇戸であったことを考えると、一五年間で約四倍となった。登録者は、その多くが六五歳以上の女性である。搬入は午前九時三〇分から開店までの間としているが、品切れを防ぐため開店以降も随時搬入可能としている。

実際、農家にとっても収入源となるため、登録農家は積極的に搬入しに来る。余った農産物は、閉店後一時間以内に持ち帰るルールとなっている。ファーマーズマーケットの二〇〇九年度売上は三億二〇〇〇万円。販売手数料の一五％を差し引くと、農家一人あたり平均六四万三〇〇〇円となる。ここ川場村でも第二種兼業農家が約半数を占めていることを考えると、この「小さな経済」は自家用として消費する以外に、品質さえ良ければ収入につながる道を農家に提供しているという点で意義深い。

四　農山村に勇気を与える川場村の取り組み

川場村が「農業プラス観光」を標榜した当時、村を訪れる観光客は二万人程度であった。しかし、今では人口三七〇〇人の村に八〇万人[4]もの観光客が訪れるようになっている。もちろん、区民健康村、ホテルＳＬ、川場スキー場の存在もあるが、それにも増して田園プラザの存在が大きい。加工品や村内農産物の物販機能、飲食機能、そして交流やふれあい機能といった要素が揃った、まさにタウンサイトとして機能している施設である。

五年前に㈱田園プラザが実施したアンケート結果によれば、首都圏からの来訪者が六割を占め、来場頻度についてもリピーターが六割となっている。一般の道の駅とは大きく異なり、田園プラザが観光目的化していることが見て取れる。道の駅は、登録制度が始まって以来、雨後の筍のごとく設置され、今や全国に九七〇カ所となっているが、その多くは基本機能である休憩機能、情報発信機能、地域の連携機能に加え、農産物直売所を設置するといったステレオタイプな駅が多い。一方、田園プラザは、そもそも道の駅を意識して設計されたものではなく、村づくりの基本理念である「農業プラス観光」を突き詰めた結果、観光地におけるホスピタリティに必要な機能を集め、田園プラザそのものが来訪目的となるような施設としている点で際立った魅力がある。

田園プラザ成功の要因の一つに、全くぶれが無い川場村行政があげられる。「農業プラス観光」路線を敷いたのは故永井村長であるが、以来現村長は三代目となる。とかく行政は首長が変わると、その基本方針も大きく転換を迫られることが多い。しかし、川場村は、一九七七年から一貫して「農業プラス観光」を貫き通している。

また、その姿勢は人事面にも表れている。取材対応していただいた川場村むらづくり振興課の宮内実課長は、当時、村の歳出予算が四〇億円の時代に三〇億円ものプロジェクトを任され、軌道に乗るまで異動はさせなかった。少数精鋭の村役場なればこそかもしれないが、人材配置にも首長の強い意志が伝わってくる。過疎地域の指定を受け、危機意識が醸成されたこともあろうが、村民とのコンセンサスを図り、三〇年もの間基本路線を守りつつ、数々の施策を展開し、自立の道を歩んできた川場村の一連の取り組みは、過疎化に悩む自治体に勇気を与えるものであろう。

そして、むらづくりに「顧客の視点」を積極的に取り入れている点も特筆すべきことである。

区民健康村事業、田園プラザ構想と、世田谷区民であった三田教授が深く関わっている。また、二〇〇七年に就任した谷田部兼光副村長は、元世田谷区役所職員である。観光事業を考えるとき、その利用者の視点でものを考えることが極めて重要となる。また、その地域の魅力、観光資源は、そこに居住している人にはみえにくいものである。外部の人間だからこそ、地域の魅力を発見でき、そのフィードバックにより村民も村の資源を再認識できたのではないだろうか。村民、区民が一体となって貴重な財産である田園風景を守る意識が無ければ、ゴルフ場などの乱開発が行われ、結果観光地としての魅力が損なわれていたかもしれない。

顧客の視点という意味では、区民健康村事業をベースに、川場村の魅力をしっかりとマーケティングしていたこともあげられる。区民健康村事業をきっかけに訪れるようになった多くの世田谷区民に川場産の農産物のファンとなってもらうための様々な仕掛けを行っている。例えば、リンゴの木のオーナーとなり、地元農家の指導により摘花、収穫を行うレンタアップル事業では、川場産リンゴに対する愛着を育み、それが口コミで広がっていく。こうした仕掛けにより、川場産の農産物の魅力が伝わり、田園プラザの集客へとつながっていったのである。田園プラザは、農業、観光という両輪をつなぎ、その魅力発信の場として機能している。

さて、田園プラザも現状で甘んじているわけではない。田園プラザは、他の道の駅と比較して長時間の滞在に耐え得る施設であるが、それでも食事時間を含めて二、三時間程度であろう。

また、田園プラザが観光目的化している現状を踏まえると、村の入口に立地している田園プラザで留まり、観光客が村の奥まで足を伸ばさずに帰ってしまう可能性も否めない。川場村役場があるホテルＳＬエリアは、歴史民族資料館、レクリエーション体育館、国体記念館、スポーツ広場グラウンド、テニスコート、ラジコンコースなどが集積する観光エリアである。田園プラザの脇を流れる薄根川に架かる「ふれあい橋」を経由し、対岸に位置するホテルＳＬエリアとの一体感を持たせ、滞在型の観光地として「点から面」で観光客を受け止められるよう、新たな観光スポットの創造にも着手しているようである。

川場村を含めた利根郡の八町村は、沼田市への編入を含めて合併協議が行われていた。しかし、川場村は合併を見送り自主自立の村づくりの道を選択し、田園理想郷の実現に向け歩みを進めているのであった。

(1) 国土交通省道路局ホームページによる。
http://www.mlit.go.jp/road/station/road-station.html
(2) 本章では、道の駅としての登録名称を用いている。施設の名称としては、「田園プラザかわば」として親しまれている。
(3) 世田谷区・川場村『区民健康村のあゆみ』による。
(4) 川場村役場『観光入込客推計表』による。

第Ⅱ部

地域の特性を深める「道の駅」

第5章　北海道深川市／お米と地場産品のこだわりが人気を呼ぶ

——五つの仕掛けが潜む「ライスランドふかがわ」

酒本　宏

ドライブ観光が多い北海道において、今や道の駅は欠かせない存在である。二〇一一年三月に「ゆうばりめろ〜ど」（夕張市）と「おだいどう」（別海町）が登録され、北海道の道の駅は一一二を数える。北海道で道の駅は、ドライブの途中の食事どころとして早くから普及するとともに、道の駅のスタンプラリーも盛んに行われ、休日には道の駅めぐりを楽しむ人が多くみられる。

一一二を数えるまで増えた北海道の道の駅には、農産物直売所があるニセコ町の「道の駅ビュープラザ」や長沼町の「道の駅マオイの丘公園」、五〇種類以上のパンや特産品のソーセージが自慢の黒町内町の「道の駅くろまつない」、焼きたてパンの販売が人気の恵庭市の「道の駅花ロード恵庭」など人気の高い道の駅がいくつかある。

そのなかの一つとして高い人気を博している道の駅が、深川市の道の駅「ライスランドふかがわ」である。札幌市と旭川市を結ぶ国道一二号沿いに、深川市の特産品である「お米」をテーマに二〇〇三年七月にオープンした道の駅である。

一　お米がテーマの道の駅

米のまち深川市の概要

深川市は、北海道のほぼ中央に位置する人口二万三七二〇人（二〇一〇年一〇月国勢調査速報値）のまちである。まちの総面積は五二九・二三平方キロで、まちの中央部を石狩川、北に雨竜川が流れている。市域は広大な低平地で形成され、まちの南側は音江山の裾野に発達した段丘地、北側には台地状の地形が続いている。

ＪＲ函館本線・留萌線、国道一二号、二三三号、二七五号のほか一三路線の道道を幹線として、開拓時代に碁盤の目のように形成された道路網は、札幌市を中心とする道央と旭川市を中心とする道北とを結ぶ交通の要衡となっている。

深川市の基幹産業は農業で、市域を流れる石狩川と雨竜川による肥沃な土壌と恵まれた気象条件により、道内有数の稲作地帯となっており、その作付面積は六〇六八ヘクタールとなっている。

深川市では、北海道の代表品種である「きらら三九七」や「ななつぼし」「ほしのゆめ」と、二〇〇六年より仲間入りした「ふっくりんこ」の四種類の米がつくられている。その生産額は、

図5―1　道の駅「ライスランドふかがわ」の位置

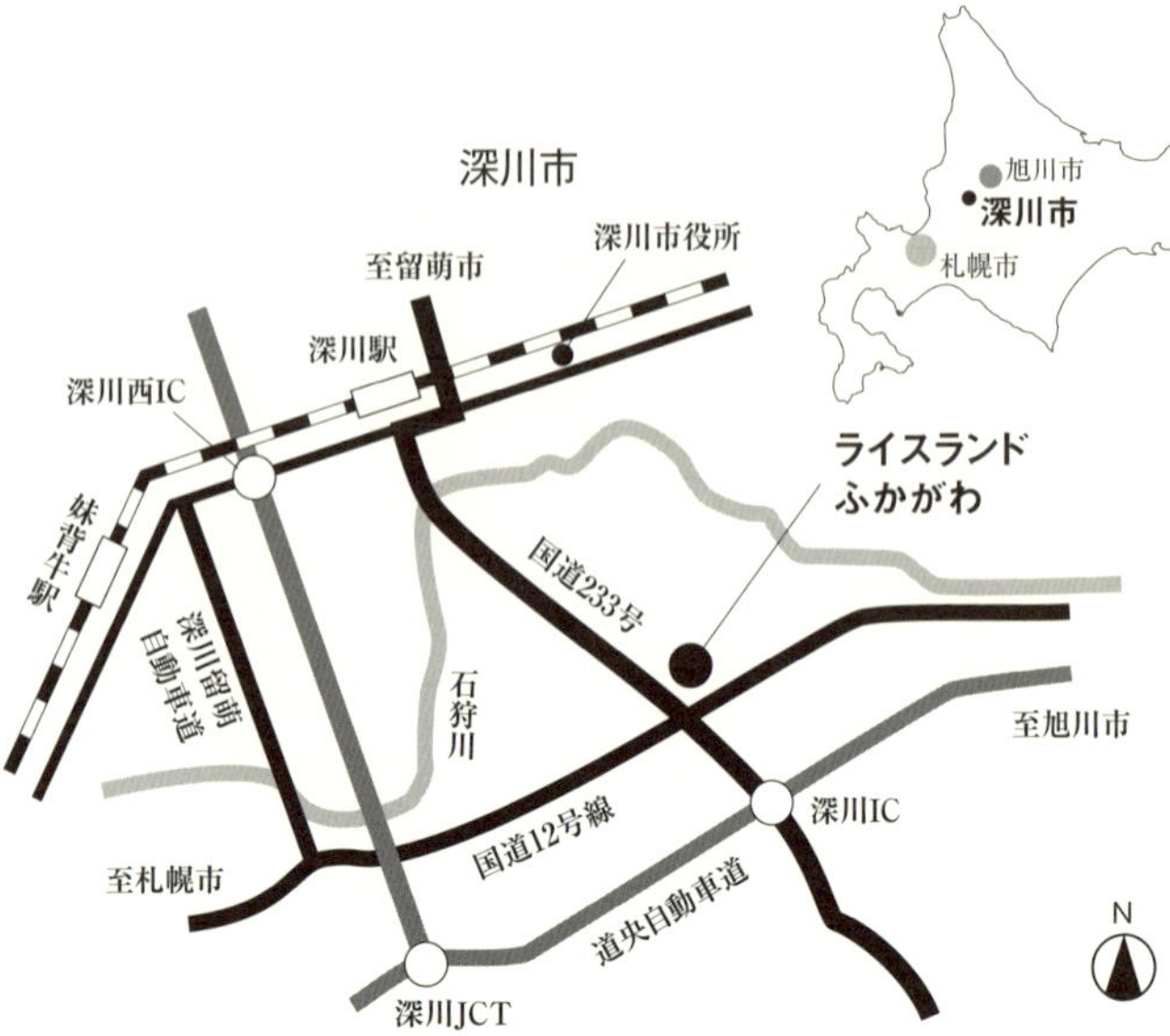

五二億七五〇〇万円で、全道三位のとなっている。「ななつぼし」と「ふっくりんこ」については、産地精米にて「ふかがわ米」として販売されており、好評を博している。

また、山間丘陵地では、畑作や果樹、酪農も行われており、キュウリや玉ネギ、ネギなどの野菜が生産されている。

深川市は、米とならんでそばの生産も盛んで、その生産量は幌加内町に続いて全国第二位となっている。深川市のそばは、そば粉として地元で製品化され、北海道内を中心のそば店へ販売されるほか、主力の玄そばは首都圏の製粉会社にも供給されている。

農業のまち深川市は、基幹産業である

「米」に視点を当て、「育み穂波の大地」をキーワードにし、多角的な地域交流を促す「ライスランドふかがわ構想」を策定し、まちづくりを進めてきた。道の駅「ライスランドふかがわ」は、「いざないの里」として、「米のまち深川市」のイメージと地域の総合的な情報発信の拠点として位置づけられ、二〇〇三年七月に深川市によって整備された。

百万人の利用数を誇る人気の道の駅

道の駅「ライスランドふかがわ」の外観

札幌市から旭川市方面に向かい道央自動車道を走ること約一時間。深川インターチェンジを降りてすぐ、札幌市と旭川市を結ぶ国道一二号と留萌市および増毛町方面への基点となる国道二三三号が交差する場所に、「ライスランドふかがわ」がある。広がりのある農地の中に、「ライスランドふかがわ」の前面ガラス張りの建物は、一目でその存在がわかる。道の駅の建物の前面にある駐車場は、普通自動車七一台、大型車七台、身障者用二台、合計八〇台分のスペースがある第一駐車場と、五〇台分のスペースがある第二駐車場が整備されている。

この「ライスランドふかがわ」は、当初一億円程度の売上額を想定して計画された。ところが、オープンと同時にあっと言う間に人気が高まり、利用者数は年間百万人近くに上り、二〇〇六年から二〇〇八年は、百万人を超えた。もちろん売上は当初の計画を大きく上回り二億円程度となっている[1]。加えて「ライスランドふかがわ」は、リピーターの多いことが特徴である。深川市が実施したアンケート調査では、初めて利用する人より四回以上訪れていると答えている人が多い結果となっている[2]。多くの人を呼び込み何度も足を運ばせるその魅力は、札幌市と北海道第二の都市旭川市の間にあるという高い立地条件だけではない。なんと言っても、お米にこだわったテーマ性と豊富な地場産品の販売などが指摘される。

お米をテーマにした道の駅を実感できる
「精米体験コーナー」

お米にこだわった魅力ある道の駅

「ライスランドふかがわ」に足を踏み入れると、木材がふんだんに使われている館内に前面のガラスから降り注ぐ日差しが印象に残る。そしてすぐに目に飛び込んでくるのが、入口と反対側の壁一面を使って設けられた「精米体験コーナー」である。

「精米体験コーナー」は有料で七〇〇グラムの籾米が精米され白米になるまでを見学でき、

最後は三六〇グラム（茶碗四〜五杯分）の精米したてのお米「今摺り米」を持ち帰ることができる。籾から精米したばかりのお米を購入できるということで、この精米を何回もやり「今摺り米」を購入して行く人もいるという。この「精米体験コーナー」を目にしただけでも、お米をテーマにした道の駅ということが実感できる。

お米をテーマにした特産品が数多く並ぶ物販コーナー

道の駅の建物の入口の近くには、テイクアウトコーナーがあり、その日の朝に絞られた新鮮な生乳を使ったあっさり味のソフトクリームなどが販売されており、夏には買い求める人で行列ができている。このテイクアウトコーナーで人気なのが、注文を受けてから握ってくれる手づくりおにぎりである。おにぎりは深川産のお米を炊き上げたもので、うめ、かつお、イクラとシャケなどの具が入った少し大きめで、一口ほおばるとお米のおいしさが広がる。お米をテーマした道の駅を実感できる商品である。

テイクアウトコーナーから奥に入ると、深川市および妹背牛町、秩父別町、北竜町、沼田町、幌加内町など北空知地域の産品が並ぶ物販コーナーがある。物販コーナーには、深川産のお米「ほしのゆめ」や「きらら三九七」などが、お土産としても使えるように小さなパッケージで販売されている。深川産のお米を買うためにわざわざ札幌から道の駅に訪れる人も増えており、秋には新米を買い求める人で身動きがとれないほどのにぎわいをみせる。

また、もち米を主原料とした柔らかな食感の蒸し団子で、深川市の名物「ウロコダンゴ」や、お米から作られた「こめ油」、黒米「きたのむらさき」の米粉からつくられた焼ドーナッツ「ふっくリング」、黒米を粗目に製粉し小麦粉と配合することでシャリシャリ感を味わうことができる「シャリシャリシフォン」など、米に関連した様々な加工品が数多く並べられている。

お米やその加工品、深川市や北空知地域の特産品が数多く並ぶ物販コーナーは、他の店では見かけない商品も多く、思わず手に取り買ってしまうものばかりで、リピーターが多いのもうなずける。

二　深川を楽しむならまずは道の駅から

「ライスランドふかがわ」の人気をつくり出したレストラン

「ライスランドふかがわ」を北海道でも屈指の人気を誇る道の駅にしたのが、二階のレストラン「味しるべ駅逓」である。名称の駅逓は、北海道の開拓時代に主に旅人へのサービスを行うために設置された駅逓所と呼ばれる施設から名づけられたもので、現在に例えるなら、まさしく道の駅にあたるものである。この「味しるべ駅逓」の深川産米を一人前ずつ炊き込んだ人気の「釜炊き銀しゃり定食」

「釜炊き銀しゃり定食」が、多くの人を惹きつけ、道の駅の人気を高めたメニューである。

「釜炊き銀しゃり定食」は、釜炊きのご飯とお味噌汁、漬物、温泉卵、季節の焼き魚の定食で、一見どこにでもありそうなメニューなのだが、わざわざ食べに訪れる人があとを絶たない。その秘密は、やはり釜炊きのごはんであろう。「味しるべ駅逓」では、注文してから一人前ずつ釜炊きするので、一五分程待たされる。しかし、運ばれた釜の蓋をあけると湯気とともに、お米の甘い香りがこれでもかというくらいに立ち込める。さらに、お焦げの香ばしい匂いが一緒になり一段と食欲をそそるので、待たされたことを忘れてしまう。お米を活かした絶品とも言えるメニューである。銀しゃり定食のほかに、全道各地・全国からの直送した素材を使用した鶏釜飯や豚角煮釜飯、蟹釜飯などの釜飯も人気が高い。

休日になると五四席のレストランは、いつも満席で、順番待ちをするお客さんの列が二階のレストラン入口から一階まで続き絶えることがない。「味しるべ駅逓」は、お米をテーマにした「ライスランドふかがわ」になくてはならないレストランであり、訪れた人は必ずここに立ち寄るのである。

道の駅弁当が中心市街地と道の駅をつなぐ

「ライスランドふかがわ」で最近人気を得ているのが道の駅弁当の「深川そばめし弁当」である。深川市のご当地グルメの「深川そばめし」を弁当にしたもので、一日二〇食で限定販売されている。「深川そばめし」は、深川産のそばとおにぎりが入っていること、おにぎりには揚げたそばの実が入っていること、おにぎりの味付けにはそばつゆを使用することが条件となっている特産品である。

実は道の駅の人気が高まってから創られた深川市の新しいご当地グルメである。「ライスランドふかがわ」は、深川市の中心市街地から離れている。このため、道の駅に訪れている多くの人を、なんとか上手く中心市街地に呼び込めないかという想いから「深川そばめし」が生まれた。

お米は道内三位の生産量、そばは幌加内町に次いで全国二位の生産量を誇っていることから、この二つを組み合わせたまったく新しい「食」を創り出そうと一年二カ月の開発期間を経て、揚げたそばの実を入れたおにぎり「深川そばめし」がつくられた。これを限定二〇食のお弁当として紹介し、また食べたい方や食べそこねた方はぜひ中心市街地のお店へどうぞ、という、中心部へお客を引き込む心憎いしかけとなっている。

もちろん、道の駅にあるマップには、「深川そばめし」を提供する中心市街地の六軒のお店が紹介されている。そして現在、この中心市街地の六軒お店では、年間一万四〇〇〇食以上の「深川そばめし」が出ている。

道の駅の持つ集客を中心市街地の飲食店に上手に波及させたご当地グルメといえよう。

コンシェルジュでまちの回遊性を高める

「深川を楽しむならまずはここから」と「ライスランドふかがわ」にある深川市を案内するパンフレットに書かれている。「ライスランドふかがわ」では、当初から集客と合わせて道の駅に訪れた人を深川市の中心市街地や周辺の観光施設などに回遊させることを考えてきた。

深川市には、温泉がある農業体験施設「アグリ工房まあぶ」や眺望の良いレストラン「マザーズカントリー」、石狩川の河川敷のパークゴルフなど小さいながらきらりと光る観光資源

深川の魅力を伝え回遊性を高めるコンシェルジュ

がいくつもある。しかし、北海道を代表するような大きな集客力を誇る観光資源はない。このため、「ライスランドふかがわ」には、集客だけでなく、道の駅の利用者を観光スポットに回遊させ波及効果を高める機能が求められた。

そこで、「ライスランドふかがわ」では、コンシェルジュを常駐させている。道の駅の館内に設けられたコーナーには、常にコンシェルジュがいて、「アグリ工房まあぶ」などの立ち寄りスポットや、深川そばめしを食べることができる店など深川市の魅力を親切に紹介してくれる。コンシェルジュに親切に紹介されると、行かないと損した気分になり思わず立ち寄ってしまう。その効果もあり道の駅から深川市の観光スポットや市内のレストランなどに立ち寄る人が増えている。実際に私も「ライスランドふかがわ」で紹介してもらい、観光スポットに訪れると、先ほど道の駅で見かけたグループもその場所を訪れ散策を楽しんでいた。

このように「ライスランドふかがわ」は、深川そばめしという中心市街地への誘客のしくみやコンシェルジュサービスによって、市内の飲食店や観光スポットが道の駅とつながれ、道の駅が深川市の回遊の拠点となっている。まさしくパンフレットに書かれている通り「深川を楽しむにはまずはここから」という存在になっている。

三　人気を支える地元特産品の開発

道の駅を支える産学官の連携による特産品開発

「ライスランドふかがわ」の物販コーナーには、たくさんの深川市産の特産品が所狭しと並んでいる。お米はもちろん、「ウロコダンゴ」やお米の油、深川産の米粉と深川産の牛乳をつかった「モチモチプリン」など、深川市にこんなにたくさんの特産品があるのかと驚かされる。このようなたくさんの特産品を並べることができるのは、深川市が農産物を活用した特産品開発を積極的に行ってきたからであろう。

多くの地元特産品がならぶ「物販コーナー」

その一つに、深川市で誕生した黒米品種「きたのむらさき」を使用した加工品開発がある。黒米きたのむらさきは、深川市にキャンパスを置く拓殖大学北海道短期大学の石村櫻教授（現在は名誉教授）研究室が、一〇年以上の歳月をかけ、百種類以上の黒米を海外から入手しながら北海道のもち米との交配を続け育成、二〇〇一年に品種登録育種した黒米のもち米である。血糖値の抑制効果などがあるとされるアントシアニン系色素が含まれており、現在は健康志向の人たちなどを中心に人気を得ている。

深川市では、拓殖大学北海道短期大学、住民や事業者などからなる産学官の連携による「ふかがわ元気会議・地域産業活性化部会」を二〇〇七年に設立し、この黒米による加工品開発に着手した。地元発祥の黒米「きたむらさき」を使った商品を開発することで、米どころ深川市の魅力を再発見してもらい、家庭におけるお米の消費拡大と深川市の情報発信につながることを期待した。

そしてこの活性化部会から生まれたのが、黒米と深川産の米粉、牛乳、卵、米油など徹底的に地元の食材にこだわった「黒米シフォンケーキ」である。黒米を粗目に自家製粉し小麦粉と同量を配合することで、シャリシャリ感を味あうことができる食感を生み、それが受けて、「ライスランドふかがわ」の物販コーナーでも人気の高い商品となっている。ふかがわ元気会議・地域産業活性化部会では、黒米以外にも深川産のリンゴを活用したシードルやそばを使ったクレープなどの特産品も開発しており、道の駅の特産品の豊富な品ぞろえを支えている。

道の駅「ライスランドふかがわ」の人気を支える運営のしくみ

「ライスランドふかがわ」の物販コーナーには、北海道内の他の観光施設で販売されている定番と言われるチョコレートやマスコットキャラクターグッズなどの有名なお土産は置かれていない。その豊富な品揃えのために気づかないが、道の駅で販売されているものは、深川市や北空知地域といわれる周辺地域の産品だけである。

「ライスランドふかがわ」では、テイクアウトコーナーの株式会社MOMO工房、二階のレストラン「味しるべ駅逓」の有限会社食創造さんだかん、農産物直売所のＪＡ北空知、道の駅全体を管理は㈱深川振興公社が、連絡協議会を組織し、毎月定例会議を開催しながら運営を進めている。

道の駅で新たな商品を販売するときや新たな食事のメニューを出すときには、この定例会議で合否が検討される。ライスランドという道の駅のコンセプトに合ったメニューなのか、地場産品なのかがその大切な基準である。集客と売上だけを考えると、定番と言われるお土産品を置きたくなるところであろう。しかし、ライスランドふかがわは、地場産品にこだわり続けている。これは、テナントも含めて地元事業者が入っているからこそできるこだわりなのかもしれない。

そして、このこだわりが、他の道の駅や観光施設との差別化につながり、わざわざ訪れる場所にする秘訣でもある。同時に、地域へ波及効果をもたらす大切なしくみではないかと思う。

四　地域産業振興のヒント

「ライスランドふかがわ」のこれから

「ライスランドふかがわ」も、オープンから七年以上が経過し、毎年百万人前後の利用者がある、北海道でも人気の高い道の駅となった。一方で休日などは多くの人が訪れるために限られた休憩スペースでは、利用者がゆっくりくつろげないといったうれしい課題を抱えているようである。また、地場産品がならぶ物販コーナーは、商品が増えていることもあり、手狭な感がでてきた。

人気が高くなると、利用者はどうしても大きな期待を抱いて訪れる。このため、普通のサービスや施設では満足しない。それどころか逆にがっかり感を大きくしてしまい、せっかくの人気に影響を与えてしまうこともある。道の駅を管理する㈱深川振興公社の平松さんは、オープンから一度も物販コーナーのレイアウトを変更していないので、そろそろ利用者ニーズに対応しリニューアルなどを行い、さらに高いサービスを提供したいと語っていた。加えて、農産物直売の充実も進めているようだ。

「ライスランドふかがわ」の運営を担う株式会社深川振興公社の平松さん

「ライスランドふかがわ」には、地元の農協であるJAきたそらちが運営している農産物直売所が併設されている。深川市でとれたお米だけで袋詰めした「きらら三九七」「ほしのゆめ」はもちろん、深川市や周辺地区で朝収穫されたばかりの新鮮な野菜やリンゴなどの果物など四季折々の農産物と、アスパラ・メロン・長芋等の贈答品が販売されている。

この農産物直売所に加え、二〇一〇年から周辺農家の女性の協力による朝市が開かれるようになり、人気を博している。道の駅に多くの人が訪れるのを見た周辺の農家の女性たちから、自分達でも農産物直売をやってみたいという声があがったことから朝市が始まった。二〇一〇年は六回の開催だったが、今後はその開催回数を増やして行きたいとのことである。朝市により「ライスランドふかがわ」に、地元の人びととのふれあいという魅力が加わり、さらに人気が高まる予感がする。

「ライスランドふかがわ」にみる地域産業振興の五つのヒント

毎年百万人の集客を誇る「ライスランドふかがわ」には、道の駅を活かした地域振興の五つのヒントを見ることができる。

一つ目は、道の駅自体の集客方法である。「ライスランドふかがわ」は、深川市の特産品であるお米をテーマにした道の駅をつくり、物販コーナーでは地元のお米やその加工品を販売している。また、テイクアウトコーナーでは、深川産のお米でにぎったおにぎりを販売してお米へのこだわりを徹底した。そして、「釜炊銀シャリ定食」で訪れた人にお米のおいしさを提供し、お米がテーマの道の駅というイメージを創り上げた。

お米に徹底したことで、他の道の駅との差別化が図られ、誰もが知る道の駅になり、立ち寄りの道の駅からわざわざ来る道の駅となって集客力を高めた。

二つ目は、徹底した地場産品の販売である。「ライスランドふかがわ」の物販コーナーでは、深川産の農産物加工品を中心にした地場産品だけが販売されている。そして、販売される産品や提供される食のメニューは、店舗を運営するそれぞれの会社と道の駅を管理する深川振興公社による連絡協議会で、道の駅のコンセプトと合致しているかが確認されている。

こうした地場産品のこだわりが、お米というテーマのこだわりと一緒になって、強いイメージを創り出し、他の道の駅や観光施設との差別化につながっている。だからこそ、年間百万人の集客を誇る人気の道の駅につながったと言えよう。

三つ目は、道の駅の高い集客力を活かし市街地へ波及効果をもたらす仕組みであろう。深川市では、中心市街地の飲食店などが道の駅の集客力を活かす「深川そばめし」を創り、それを数量限定の道の駅弁当として提供することで、道の駅の利用者を中心市街地に呼び込むことに成功している。道の駅と地元商店街の共存を考えた上手な地域産業の振興となっている。

四つ目にあげられるのが、市内の観光スポットを活かす回遊性である。「ライスランドふかがわ」では、コンシェルジュを配置し、深川市内の「アグリ工房まあぶ」など、市内の他の観光スポットに立ち寄りたくなるように情報発信を行っている。このことにより、集客力の高くない市内の観光スポットにも人が訪れるようになり、波及効果を高めている。

五つ目のヒントは、産学官連携などまちをあげての新商品開発の仕組みである。「ライスランドふかがわ」の物販コーナーには、地場産品しか置かれていない。リピーターを獲得するには、いつも同じ商品しかないということでは難しい。ましてや人気が高くなってしまった道の駅では、新たな商品の発見も期待されるところだろうと思える。こうした、利用者ニーズに対応し、地場産品にもこだわりながら商品を並べられるのは、まちをあげての新商品の開発があるからにほかならない。

道の駅を活かして地域産業の振興を進めるためには、この仕組みは欠かすことができない。さらに、この仕組みがないと、高い人気を持続することも難しい。このように「ライスランドふかがわ」は、人気のある道の駅のあり方とともに、地域産業の振興をけん引する装置としてのあり方も教えてくる道の駅である。

物販コーナーのリニューアルや農家の女性が開く朝市など、新たな動きが始まろうとしている「ライスランドふかがわ」に、今後も注視したい。

（1）道の駅「ライスランドふかがわ」の売上高は深川市へのヒアリングによる。
（2）リピーターに関するアンケートは、深川市が二〇〇三年に実施した。

参考文献

『第六次深川市農業振興計画　平成二二年度〜平成二六年度』

深川市ホームページ　http・・//www.city.fukagawa.hokkaido.jp/

道の駅「ライスランドふかがわ」ホームページ　http://mypage.fukanavi.com/riceland/

深ナビ　http://www.fukanavi.com

特産品・楽部ホームページ　http://www.tokusanhin.jp/products/hokkaido/356/

第6章　広島県北広島町

町の地域振興・農業振興の拠点
——公設公営の道の駅「舞ロードＩＣ千代田」

松永桂子

広島県北広島町は中国山地の中山間地域に位置する町であり、南部は広島市と接し、北部は島根県浜田市と接している。南北に浜田自動車道（中国横断自動車道）、東西には中国自動車道（中国縦貫自動車道）が通り、その分岐点に千代田ＩＣがある。その千代田ＩＣのすぐそばに道の駅「舞ロードＩＣ千代田」（以下、舞ロード）が設置されている。交通の要衝でもあり、車がひっきりなしに訪れる人気の道の駅でもある。

この舞ロードは「公設公営型」の道の駅としても注目される。[1] 北広島町役場が直轄で運営しており、駅長も専属スタッフも町の職員である。そのため、町の産業振興、農業振興の拠点として舞ロードが位置づけられている。町内の生産者の多くが道の駅の直売所に出荷し、役場の担当者も生産者のことを知りつくしている。また、北広島町は集落営農が盛んであり、集落営農法人が舞ロードを主要な販路と見定めて活動していることも興味深い。

全国を見渡しても、おそらく「公設公営型」の道の駅は「舞ロードＩＣ千代田」が唯一ではないかと思われる。したがって、この道の駅では、条件不利の中山間地域の課題克服に向けた運営が強く意識されている。

一つ目は都市と中山間地域を結ぶ二次交通の「駅」としての機能の向上、二つ目は高齢のため自ら出荷できない生産者のための「集荷」の仕組みの構築、三つ目は大都市への「出張産直」の実施である。いずれも道の駅の「攻めの戦略」として注目され、特に中山間地域の道の駅にとってヒントとなる要素が多いと思われる。

一　中国山地の脊梁に位置する北広島町

北広島町は中国山地の中央部にあたる広島県北西部に位置する。行政区域の面積は六四五・八六平方キロであり、広島県の町では最も広い。広島市に接しており山間部の町内から市内へ通勤する人も多い。また、標高一〇〇〇メートル級の山が連なっており、日本で最南端のスキー場が集積している。そのため、観光客の入り込みも中国山地の他の中山間地域に比べると盛んである。都市と近接していながら、豊かな里山の暮らしが営まれている地域でもある。

二〇〇五年二月に芸北町、大朝町、千代田町、豊平町の四町が合併して北広島町が発足した。人口は二万〇八五七人（二〇〇五年）で、うち半分ほどは旧千代田町である。人口のピークは戦後すぐの一九四七年で四万人弱を数えていたが、それ以降五〇年来ゆるやかに減少が続いて

道の駅「舞ロードIC千代田」

きた。二〇〇五年の高齢化率は三三・二％となっており、広島県の二〇・九％と比べてもかなり高いことがわかる。

二次交通の「駅」として機能

町合併前の二〇〇四年四月に道の駅「舞ロードＩＣ千代田」がオープンした。広島市内の中心部と高速バスで四〇分で結ばれているため、自家用車を舞ロードの駐車場に置いておき、高速バスに乗り換え通勤することができ、まさに自動車と高速バスをつなぐ「駅」として機能している。駐車場は一二八台分設置されているが、その大半を通勤客の自家用車が占めている。「パークアンドライド方式」は、交通不便な中山間地域の二次交通の可能性を広げるものとして期待される。

道の駅にこうした二次交通の機能を付加させることは、これからより一層求められるであろう。

さて、この舞ロードの最大の特徴は、北広島町直営の公設公営方式で駅長も町役場の職員が務めている点である。二〇一〇年三月まで六年間にわたり初代駅長を務め、さらに同年九月から二〇一一年三月まで再度駅長を担った佐々木直彦氏（現、北広島町産業課道の駅整備室室長）は町内の生産者のもとに足繁く通い、生産者と深い信頼関係を築いてきた。当初から農産物直売所を中心とした道の駅を形づくってきた。

売上は右上がりで伸び、初年の二〇〇四年度は三七〇〇万円、二年目六二〇〇万円、三年目九九〇〇万円と上がり続け、二〇〇九年度には一億七六〇〇万円、二〇一〇年度も前年を上回る勢いが続いている。入込客数は二〇〇四年度三万八六一〇人から、二〇〇九年度には一四万五六八〇人にまで増加、二〇一〇年度は月平均一万三〇〇〇人ペースで推移している。

また、直売所の出荷者はグループが九五～六名、個人農家が約四〇〇名にのぼる。手数料を徴収するのみで、会費などはなく誰もが容易に出荷できる仕組みを築いてきた。手数料は町内の出荷者が一五％、町外が二〇％となっている。

なお、「舞ロード」という名前については、この地の伝統芸能の「神楽」に由来する。広島県から島根県の山間部にかけて、神楽が現在でも盛んであり、なかでも北広島町は神楽団が最も多く集中している地域でもある。そこから名づけられたのであった。

二　「出張産直」と「集荷」で地域を盛り上げる

二〇〇八年一一月から、舞ロードでは広島市内で出張産直を開始している。当初は週に一度、朝八時三〇分から昼一時までの間、市内のホテル前で実施していた。スポーツジムが付設されているため、健康志向の客が多く、一日で四〇～五〇万円を売り上げる状態が続いた。当時は佐々木氏が二トントラックで自ら運搬、販売していた。野菜が売れ残った場合もホテルのレストランがサラダバー用に買い取ってくれるため、余りがほとんど出ない。広島市内の消費者からの評判も上々で、年売上二五〇〇万円ほどを週に一度の出張産直で稼ぎ出すまでとなった。

このうねりを拡大させるべく、二〇一〇年四月からは広島市内六カ所でほぼ毎日、日替わりで出張産直を実施。「きたひろしまバザール」と銘打ち、地元スーパーのインショップや文化センターなどにも売り場を広げた。スタッフだけでなく、生産者も売り場に立つようになり、消費者とのコミュニケーションを重視している。お客さんへの声かけ、サービス、陳列の工夫、品揃え等、スタッフの意気込み次第で売上が変化するということも、この出張産直から学んだ大きなことであった。

高齢化が進む地域での「集荷」

人口一一七万人の大都市圏である広島市をマーケットと位置づけ、近隣であることを活かし、攻めの販売戦略を町が率先して実行している。世の中の「食」の安心、安全志向の高まりをいち早く察知し、道の駅が近隣の大都市に乗り出すまでになってきた。

出張産直「きたひろしまバザール」のチラシ

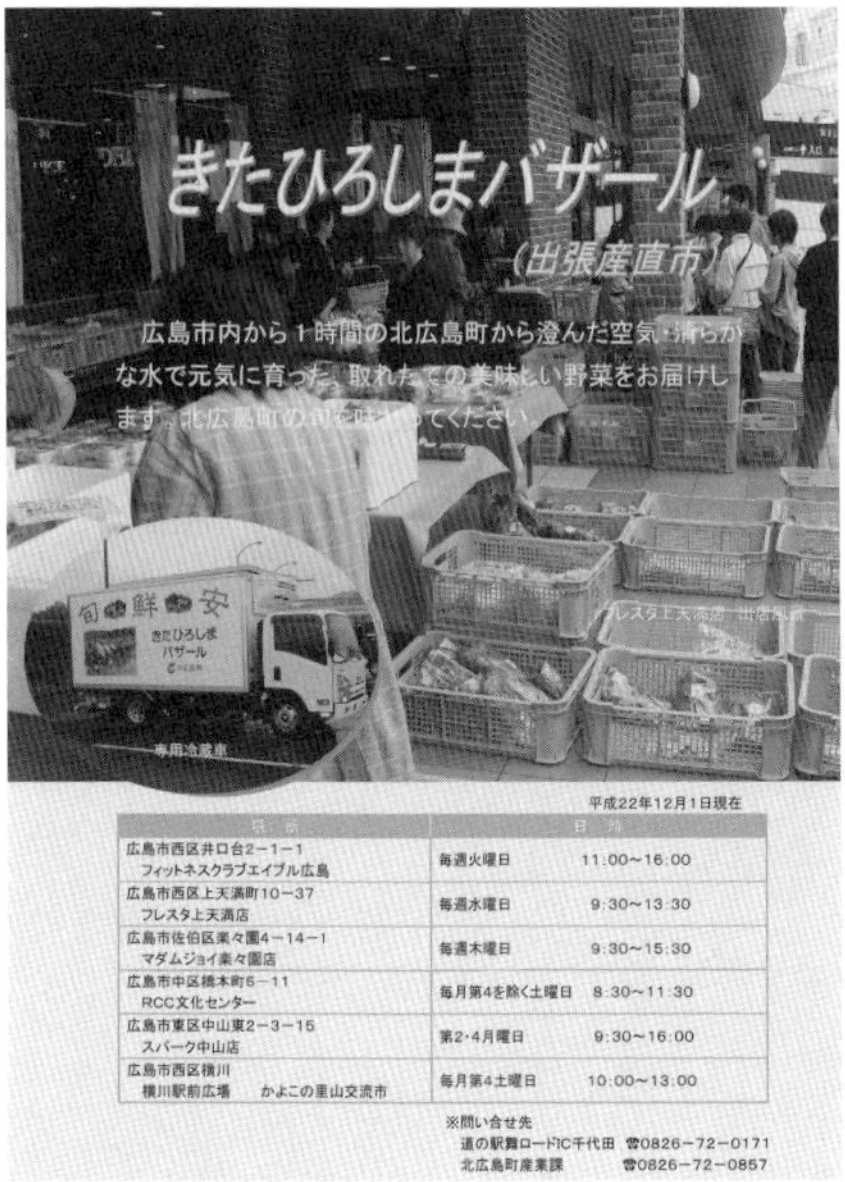

提供：舞ロードIC千代田

現在では出張産直の盛況もあって野菜が足りない状況となり、二〇一〇年九月から旧芸北町への集荷を試行的に開始した。毎週金曜日と第一・三月曜日に実施、二〇一〇年度からは毎日の集荷を目標に準備を進めているところである。集荷は手数料を五％上乗せして二〇％としているが、反響も大きく、新規出荷者の獲得、生産量の拡大につながってきた。北広島町は地域による標高差が大きいため、野菜の収穫時期が違うことを逆手にとり、好循環を生み出している。舞ロードで集荷を始めたことにより、野菜づくりに初挑戦する人が現れ、さらにお年寄りの農業復活の動機づけにまでつながりつつある。

駅長の佐々木氏は「産直は地域を救う」と大きな期待を寄せる。出張産直に加え集荷活動にも道の駅が乗り出し、積極的に「小さな生産者」の振興を図りつつある。

全国を見渡しても、ここ一〜二年ほどの間に「集荷」が盛んに行われつつある。特に、限界集落を抱える地域では社会実験が重ねられてきた[2]。一軒ずつ生産者をまわる方式もあれば、集落や地区ごとに「野菜入れポスト」を設置する方式もある。そこに出荷者が名前を記入して入れておくと、トラックが集荷にまわり、商品を直売所に陳列してくれる。中国地方の中山間地域では農産物直売所まで車で三〇分程度、遠くて一時間近くかかるということも少なくない。こうした問題を解決すると共に、生涯現役で農業に従事できる可能性が「集荷」の普及によって広がっているのである。

三　多様でユニークな出荷者に支えられる

このように出張産直や集荷など「攻めの産直」を展開する舞ロードを支えるのは、意識が高い出荷者たちである。出荷者は農家だけでなく、加工グループや集落営農法人が多いことも特徴であろう。女性加工グループは豆腐やトマトケチャップ、惣菜や弁当を作る「早乙女たちの台所」、田舎寿司を得意とする「よりんさいや」などがある。(3) 双方とも舞ロードが出きてから誕生した女性加工グループであり、北広島で目覚ましい活動を遂げつつある。ここではこれら女性グループと共に舞ロードを支える加工グループや法人の活動に注目してみたい。

「早乙女たちの台所」のメンバー

若者が家族や友人と切り盛りする「へんぽこ茶屋」

へんぽこ茶屋は舞ロードと同じ旧千代田町にある。家族ぐるみで米を生産しながら、餅、ポン菓子、寿司、弁当、多種多様な菓子などを生産、加工、販売する六次産業者である。寺岡浩一郎氏(一九七四年生まれ)が加工の責任者であり、父母、妹、浩一郎氏の友人、その母親など総勢一〇数人で切り盛りをしている。

もともと寺岡家は米の専業農家であり、家で採れた野菜や米を並べた簡易な直売所を一九九九年にスタートさせた。米を使って餅、寿司、大豆を使ったポン菓子などを製造し、二〇〇一年に広島市の中心部にある県内商品が揃うアンテナショップ「ひろしま夢プラザ」に出店したところ、お客が求めているも

佐々木直彦氏（左）と「へんぽこ茶屋」の寺岡浩一郎氏

のを製造、販売することに手ごたえを感じ、本格的に加工に乗り出していくようになる[4]。

二〇〇四年に舞ロードが出来てからは、そこを主流の販売先と見定め、年間一四〇〇万円程を売り上げている。朝は早朝から一〇人体制で仕込み、昼も六〜七人で翌日の準備をし、生産に忙しい毎日である。特に菓子を得意としており、ポン菓子からスタートして、ケーキやプリン、鯛焼きまで幅広く手がけるまでになってきた。

二〇〇九年からは移動販売車で「よもぎ鯛焼き」を販売している。材料となる「よもぎ」は地元のお年寄りが摘み取ったものであり、それを茹でて冷凍まで加工してもらった後、グラム一円で買い取っている。こうして地元のお年寄りから一年間に約一トン（一〇〇万円分）も買い取るなど、お年寄りの小遣い稼ぎにつながっている。このよもぎ鯛焼きの移動販売車はイベントや週末に稼働するが、週に一度は舞ロードが出張産直で広島市内に出る際に付いて行く。女性二人が店頭販売し、鯛焼き以外にも惣菜、弁当、菓子やプリンなども売り、一日二〇〜三〇万円を売り上げるまでに至っている。販売に携わる女性陣は元気はつらつと活動を重ねている。

寺岡氏は「農業で若い人が十分にやっていけることを示したい。生産、加工、販売の六次産

へんぽこ茶屋のポン菓子

業化を地域に広げ、できれば広島市内に小さな店を出し、若者を雇用したい」と意気込んでいる。

大豆加工に力を入れる農事組合法人「せんごくの里」

地元産大豆を使った加工品を出荷している農事組合法人「せんごくの里」。なかでも大豆発酵食品の「テンペ」を使ったテンペ味噌の人気が高い。舞ロードにはテンペのレシピも商品の脇に置かれている。法人の設立は二〇〇三年一一月、現在の組合員数は六三名となっている。法人の利用権設定面積は約三六ヘクタールで、水稲二一ヘクタールの他、大豆六ヘクタール、トマト、タマネギ、キャベツ、ニンジン、スイートコーンなどを手掛け、

農事組合法人せんごくの里

ＪＡと道の駅に出荷している。オペレーターの登録者は二〇人と多く、土地がなくても若手でやる気のある人も入れている。

加工体制も整っており、法人内には三つの女性加工グループがあり、各五人ずつが働いている。いずれも大豆加工を中心にカリントウや味噌、きな粉を製造している。大豆は広島県ブランドの「サチユタカ」を採用し、テンペ味噌は毎年二四〇キロ、麦味噌は三〇〇キロを製造している。この加工グループのメンバーには時給八〇〇円が支払われており、法人のメリットを受けていることがうかがえる。

代表の藤井徹也氏（一九三九年生まれ）はもともと中学校の教員で校長も務めた。「米以外の多角的な経営を志し、将来的には農家レストランも運営したい」と希望を膨らませているのであった。

多様な出荷者が集う道の駅

北広島町には意欲の高い集落営農法人が集積している。広島県では地域で農地を共同管理する集落営農が盛んであり、二〇一一年二月の集落営農の法人数は一九三と、全国トップクラスを誇っている。特に中山間地域に位置する北広島町は二九法人と県内で最も多い。集落営農により小規模な個人農家の経営から脱却、法人によって農地を一元管理し、機械の共同利用や労働時間の短縮を進め、新たな「農」の形を築きつつある。北広島町では集落法人の販売先として、道の駅が有効に機能している。

他にも、北広島町には企業の農業参入が目立ち、自社農園で栽培した作物や加工品を舞ロードに出荷する企業もいくつかある。ふりかけ最大手の三島食品（本社広島市）も北広島町に自社農園を設け、七ヘクタールの規模で「赤シソ」を栽培している。これまでは、国内と中国で契約栽培方式を採り、原料を仕入れていたが、品質の安定化のために、自社農園で品種改良を重ねながら、最適の種や品種を開発している。北広島町は創業者の出身地であることから、自社農園が設置された。舞ロードにはこの自社農園で栽培された赤シソふりかけ「ゆかり」が置かれ、「三島食品」の特設コーナーが設けられている。舞ロード専用の商品もいくつか開発、販売している。企業の農業参入を後方支援する役目も果たしている。

このように、道の駅舞ロードは多様な出荷者に支えられていることも特徴的であろう。女性グループをはじめ、若者たちによる加工グループ、集落営農の農業生産法人、農業参入した企業に販路を提供し、束になって北広島町の産品を発信している。これまではバラバラに活動していた生産者も互いの活動に刺激を受けながら、切磋琢磨しているようである。

三島食品による赤シソ栽培

四　公設公営「道の駅」の新たな挑戦

舞ロードは設立七年を迎え、第一期の構想が終わりつつある。現在は、次期の二期整備について検討を始めているところである。今後、直売所の拡大、農村レストランの新設、緑の広場の整備などに着手していく。特に、レストランは地元食材を使った田舎料理を提供し、ついでに立ち寄ってもらうのではなく、来てもらうこと自体が目的となりうる特色ある直売所や農村レストランづくりを目指す。レストランは、女性加工グループに任せる方向で調整中である。

第二期整備でより充実した道の駅に

また、地元のNPOと連携して、神楽ディナーショーをレストランで開くことも計画している。広島市内に宿泊する観光客をバスで送迎し、「どぶろく、田舎料理、神楽」で広島の田舎のナイトライフを楽しんでもらおうという試みである。この企画を成功させるためにも、特色ある農村レストランの運営が目下の最大の課題となろう。二〇一三年度のリニューアルに向け、当面、加工品やレストランメニューの開発ワークショップを毎月開くこととしている

これらの事業は農林水産省関係の事業費でまかなわれ、駐車場の再整備、緑の広場等の周辺整備は国土交通省の交付金事業が充てられる。道の駅は農業振興や産業振興の拠点としての役割が高まりつつあり、省をまたいだ事業により運営されていることも最近の傾向であろう。

さらに、新しい集出荷システムも計画中である。町内の光ケーブルネットを活用したICTによる集出荷システムであり、タブレットパソコンとバーコードラベルプリンターを出荷者に配る。これにより、出荷作業の軽減や効率化、栽培履歴の管理、POS情報の発信、清算業務のIC化、産直施設・出荷者・消費者の三者の情報交換が容易になる。これは全町的な産直システムを構築するという大きな構想でもある。町長の竹下正彦氏はこれを「きたひろしまバ

ザール」と銘打ち、北広島町の産業振興の核として実施していく構えである。

中山間地域の課題解消に挑む道の駅

舞ロードは公設公営の道の駅という特色を活かし、こうした全町的な地域振興・農業振興を束ねる役割を担っている。町の直営だからこそ動きが早く、とりわけ出張産直や集荷システムは先進的事例として映る。交通不便の中山間地域はクルマ社会であると同時に、高齢化が進み直売所に出荷したくてもできないお年寄りも多い。そうした地域交通や福祉の状況までを網羅した産業活動が展開されている。中山間地域に位置する道の駅として、交通不便で条件不利の地域課題を克服するために、「二次交通の確保」「出張産直」「集荷」の導入が舞ロードの最大の特徴であろう。

序章でもふれられたように、道の駅の設置目的は「道路利用者の利便性の向上と施設の利用促進を図り、安全で快適な道路交通環境の形成並びに地域の振興に寄与すること」である。どちらかといえば、ドライバーにとっての利便性が重視されていた。だが、中山間地域では住民にとっての交通利便性も合わせて考える必要がある。道の駅にパークアンドライド方式を導入したことにより、二次交通として自家用車利用を容易にした。インターチェンジ近くの国道沿いという立地は、観光客と住民とをつなぐ結節点としても機能している。

また、舞ロードは出張産直と集荷により、「可動性のある道の駅」へと変身し、道路沿いに固定化された道の駅という常識を超えて活動範囲を広げている。毎日、広島市で産直市を展開するようになり、品物が不足の状態となった。そこで、山奥深い集落にまで集荷にまわり野菜を集めるようになった。それにより、農業から引退していたお年寄りも、農業に復活するまでに至っている。

こうみれば、需要を生み出しながら、新たな供給体制を築きつつあることがわかる。出荷者も農家だけでなく、女性、若者、農業法人など多様な主体が集まりつつある。小さいながらも、中山間地域の現場では「需要創出型のイノベーション」が起こりつつあるのではないだろうか(5)。積極的に外の市場に打って出ながら、内の生産体制を整える。それが新たな事業創出に結びつき、さらには地域福祉にも貢献している。道の駅がそうした役割を担うとは、当初の設置計画の段階では、誰も考えもしなかったであろう。

北広島町の取り組みは、道の駅が産業振興の拠点となりうることを教えてくれる。道の駅が構想されておよそ二〇年、当初の目的をはるかに超え、現場発で地域課題に密着した道の駅へと進化し続けているのであった。

（1）本内容は二〇一〇年度までの状況であり、二〇一三年度からは指定管理者に運営を委託している。

（2）高知県黒潮町では、自ら出荷できないお年寄りのために「集荷」を社会実験として二〇〇七年にスタートさせ、現在では正式に運営している。詳細は、関満博・松永桂子編『農産物直売所／それは地域との「出会いの場」』新評論、二〇一〇年、を参照のこと。

（3）「早乙女たちの台所」「よりんさいや」の活動内容については、松永桂子「広島県北広島町／道の駅と女性加工グループの相乗効果――『早乙女たちの台所』『よりんさいや』」（関満博・松永桂子編『「農」と「食」の女性起業――農山村の「小さな加工」』新評論、二〇一〇年）を参照されたい。

（4）「ひろしま夢ぷらざ」とは広島県商工会連合会が広島市中心部の「本通り」で運営するアンテナショップのことである。県内の特産品を集め、日替わりで生産者が店頭販売をするなどユニークな取り組みが注目される。来客数は年間二〇〇万人近くにのぼる。詳細は松永桂子「中国地域の中山間地域の振興方策」（『エネルギア地域経済レポート』第四二二号、二〇〇九年九月）を参照されたい。

（5）「需要創出型のイノベーション」とは吉川洋教授が提唱する概念である。吉川洋『いまこそ、ケインズとシュンペーターに学べ／有効需要とイノベーションの経済学』ダイヤモンド社、二〇〇九年、を参照。

第7章　兵庫県猪名川町

田園集落とニュータウンをつなぐまちづくりの拠点
――大都市近郊型の道の駅「いながわ」

梅村　仁

「道の駅」ってなぜか、観光や出張のときでも、そばを通れば寄ってしまう。どのような道の駅かは知らないのだけれど、面白そうなことがあるのではないかといつも心の中で期待している。道の駅には、地域の特徴を活かした様々な形があり、立ち寄る者の想像力を引き出す何かが潜在しているのではないだろうか。さて、ここで紹介する道の駅「いながわ」は、筆者がここ数年通っているいわゆるいきつけの道の駅である。普段なにげなく新鮮野菜を求めて訪れている消費者の目と地域振興の視点から道の駅を考えてみたい。

一　兵庫県南東部の猪名川町

猪名川町とは、関西の中心的拠点の一つであるJR大阪駅より約二五キロ、車で所要時間一時間程度と比較的近距離にありながら、のどかな田園集落と保養所やキャンプ場などもある自然豊かな地域であり、阪神地域のベッドタウンとして発展した兵庫県南東部に位置する人口約

図7—1　道の駅「いながわ」の位置

三・一万人のまちである。現在の猪名川町は、川辺郡内唯一の自治体となっているが、元々は阪神地域の伊丹市、川西市、宝塚市、尼崎市、三田市の一部を含む広域な地域として存在していた。しかし、一九〇〇年代初頭から、近隣の自治体が市制を施行しはじめたことから、「郡」は縮小していったが、これまでの地域連携の形を残す組織として「阪神広域行政圏協議会」(1)が一九六五年に設置され、地域における共通の行政課題等への対応や地域交流が図られてきた。

猪名川町では、ニュータウン開発が一九六〇年代後半より行われ、三つのニュータウン地区が、現在の町民の大部分が生活している中心的地域となっている。また、名所旧跡では、猪名川町南部にある鎌倉時代に開山されたとされる多田銀銅山が有名であり、資料館「悠久の館」を開設し、周辺部の歴史遺産・文化財も含めた観光振興に注力している。

二　道の駅「いながわ」の展開

現在の道の駅がある場所は、県道が交差する結節点であり、以前から周辺に農家が設置した農産物直売所が多数あったところである。直売所が設置された理由は、政府の減反政策の影響により、米の代わりに畑でたくさんの種類の野菜が作られるようになったことに起因する。こうした現状から、一カ所に集約したほうが販売効果も大きいとして、猪名川町が公設の直売所を設置したことが道の駅の始まりとなった。その後、国や兵庫県の補助金を活用し、「道の駅」が開設され、猪名川町、ＪＡ兵庫六甲、猪名川町商工会の出資による㈱いながわフレッシュパークが運営管理を任されている。[2]

道の駅「いながわ」は、二〇〇〇年一一月にオープンし、農産物販売センター、そばの館、地域農業情報センターからなる複合施設として、地元住民をはじめ京阪神エリアからも買い物客が来場する近郊型の道の駅である。[3]特に、開所当初から農産物等の直売施設が予想以上の反響となり、週末には駐車場待ちで渋滞を招くこともあったことから、二〇〇四年に施設拡張のため建替えを行っている。この農産物販売センターは、年間五〇万人を越える来場者数を誇り、順調に売上げも伸びている人気施設である。[4]よく売れる野菜は、白菜、キャベツ、大根、ネギ、

生産者の顔が見える新鮮野菜売場

枝豆、ナスなど一般的なものが多いが、最近は少し風変わりな辛いもの、例えばからし菜、わさび菜なども求められる傾向にあり、そうした敏感な消費者の嗜好にも出来る限り目配りし、豊富な品揃えに取り組んでいる[5]。

また、遠方から来るファンも多い「そばの館」では、町内産そば粉を使った十割そばを提供している。また、館内の「そば道場」でそば打ち体験ができるなど、道の駅で開催される秋山味覚まつりや新そばまつりなど、農林業との関りの深い観光イベントも含めて魅力発信に努めている[6]。

町をあげてのそばの栽培

そばの栽培は、減反政策により、休耕田ができたため、その休耕田の有効利用の観点から始

そばの館チラシ

められた。猪名川町では、そばの白い花が美しいことから、元々町内で景観作物として植えられていた。しかし、農業生産基盤の充実を目的に、一九九九年よりそばの作付けを開始した。最初は三戸から始まり、現在では町内における全農家の約一〇%にあたる七〇戸が栽培し、作付面積は二四ヘクタール、生産量は一〇トンを超えるまでになった。また、そばの実は、同じ兵庫県のそばどころである但東町の「赤花」を原産としており、一般的には白い花だが、たまに赤い花が咲く品種である。

そばは、猪名川町の新たな農産物として推進（振興作物）されている。①そばの実の農家への配布、②刈り取り料の補助、③そばの実の買い取りまで一貫して行い、町内産のそばの確保と生産拡大に取り組んでいる。また、同時に農業の担い手の育成にもつなげている。当初は、そうしたメリットがなかなか理解されずにいたが、粘り強い猪名川町とＪＡ兵庫六甲の協働による取り組みが次第に理解されてきた(7)。

町内の方なら誰でも企画できる道の駅の「特産品」

道の駅「いながわ」では、地域特性をいかした猪名川町ならではの「特産品」づくりに励んでいる。まず、大切なことは、商品の企画に際して、町内の方なら個人、グループ問わず誰でも可能となっていることである。ただし、原材料は町内産であることが「決まり」となっている。当初は、田園集落エリアからの食料品の提案が多かったが、現在では、ニュータウンエリアからも企画の応募があり、地域交流も含めて道の駅の売り場の活性化に役立っている。

こうした企画商品の販売の決定は、「道の駅運営委員会」に諮られ、企画商品の売場が提供される仕組みになっている。これまでの主な企画商品は、ポン菓子、シフォンケーキ、こんにゃくゼリー、猪肉はるさめなど、町の「特産品」になりつつある商品も出始めている。こうした取り組みを通じて、猪名川町内の地域資源を活用した起業や事業創造の可能性を図るとともに、田園集落とニュータウン間のヒト・モノの交流促進につなげている。

三　道の駅を起点とした様々な活動

猪名川町は、緑豊かな田園集落とニュータウンが並存する特徴を備えていることから、二〇〇〇年施行の「第四次猪名川町総合計画（二〇〇九年終了）」においても基本理念に「調和」を位置づけ、自然とふれ合いながら人びとが交流するまちづくりを進めてきた。そうした中、地域住民や町役場の若手職員などを担い手とした様々な活動が、道の駅を起点として重ねられている。

ＪＡ兵庫六甲いなの郷グループ

ＪＡ兵庫六甲いなの郷グループ（以下、いなの郷グループ）は、約二〇年前に兵庫県農業改良普及センターの事業としてスタートしている。農村地域の発展のために、農家の主婦を中心に構成される生活改善グループを発祥母体として、その後研究会を重ね、二〇〇六年からいなの郷グループとして活動している。現在、一二人のメンバー（平均年齢約七〇歳）が元気いっぱい地元農産物をいかした商品作りに取り組んでいる。しかし、その活動は決して平坦ではなかった。創業当初は、加工所として個人宅を借りてのスタートであり、その後、ＪＡ兵庫六甲の事務所の一部借用を経て、ＪＡ兵庫六甲及び猪名川町の支援により、二〇〇八年四月の現工場（いなっこ工房）開設に至った。

いなの郷グループは、「地元農産物を活用した味の伝承をしたい」との想いを抱いた主婦のボランティアから始まっており、その原動力となったのが、「道の駅」での販売であった。最近では、いなの郷グループ商品のファンも増え、売上額も上昇傾向になりつつある。主力商品は、味噌、すし、コロッケ等であり、商品の基本コンセプトは「一手間をかけた郷土の味」である。特に、売上を伸ばしているのが、すし（いなっこ巻き等）であり、これは「お茶のいらないお寿司」として人気を博している。

筆者もそのファンの一人であるが、地元野菜を煮炊きした具を手巻きしていることから、食べた瞬間に具からでる汁が地元米とマッチし、ジューシーな食感を得ることができる。しかし、寿司の完成形にたどり着くまでには、約一年間の試行錯誤を重ね、その間プロの寿司職人の研修を受けつつ、今の味に整ったようである。この評判から、現在では寿司の発展形として、「弁当」の発注も増えてきている。この弁当は、道の駅では販売していないのだが、口コミで町内の老人会やスポーツイベント、お寺での集会などから発注があり、いなの郷グループが地域の味の伝承拠点として根づき、地域経済循環が起こり始めている。また、毎週第一・第三日曜日に農産物販売センター前テントにて対面販売を実施しており、作り手が買い手の評価を実際に聞く大切な機会となっている。

筆者がいなの郷グループの福西和子会長、野木すず子副会長にインタビューさせていただいた時間は、商品づくりが終了し出荷した後であったが、工場内ではメンバーが試作品づくりに取り組んでいた。メンバー間で知恵と意見を出し合い、試作を重ね、外部研修にも参加し、新たな商品づくりにたゆまずチャレンジしていた。また、外部研修も地方のまちづくりに成功している地域への視察などを実施し、今後のグループのあり方も模索するなど、小さな組織ではあるが「イノベーション・グループ」と呼ぶにふさわしい展開を行っている。

もう一つの活動：食育

いなの郷グループのもう一つの活動として、食育の観点から町内の小学校やＰＴＡなどに対して、地元農産物を使った味噌づくりなどを行っている。なぜ、味噌なのか。味噌は日本伝統の醗酵食品であり、ご飯と一緒に毎日食べれば（米消費の啓発も含む）、健康増進につながるとの思いから事業を行っているようである。回数的には、まだ年五回程度であるが、田園集落エリアの小学校だけではなく、最近はニュータウンエリアに力点を置き、食の伝統文化の継承のため実施している。このように、できるだけ次世代に地域の味を伝えたいと思ういなの郷グループの活動が重ねられているのである。

（上）いなの郷グループの主な商品
（下）いなの郷グループ　福西和子会長（右）、野木すず子副会長（左）

ちなみに、いなの郷グループの朝は早く、土曜・日曜日も休まず、道の駅の開店前に商品を届けなければならない。「それを支える家族のサポートと理解がないとここまではやってこれなかった」と野木副会長は語っていた。また、こうした家族の理解もいなの郷グループの活動が猪名川町全体で高く評価されている故のことだろう。

これからのいなの郷グループ

いなの郷グループの今後の活動について、福西会長はインタビューの時に以下のように語っていた。「グループの皆さんは、毎日朝も早いし、大変だが、家族のサポートもあり、元気に活動している。いなの郷グループの主力商品である味噌は、「笑い」の中で菌が生まれると言われる商品である。そうした菌を育むことができる良好な人間関係を保ち、仲良く、気持ちの良い仕事ができる環境づくりに心がけている。そして、私たちが作った物を消費者の方々がどのような感想をもたれるかを一番大切にしていきたい」。今後も、消費者として、いなの郷グループのファンとして、新たな創作による味わい深い商品が道の駅「いながわ」に並ぶことを心待ちにしている。[8]

猪名川町のマスコットキャラクター「いなぼう」

近年、「ゆるキャラ」が注目され、地域のまちおこしやイメージングのため、キャラクターづくりがブームになっている。[9] 猪名川町においても、「清流猪名川を取り戻そう町民運動」のマスコットキャラクターを二〇〇七年に作成、二〇〇九年からは猪名川町全体のPRを行うマスコットキャラクター「いなぼう」として活躍している。いなぼうのデザインと名前は公募により決定した。猪の子どもの「うりぼう」をモデルとし、猪名川の〝いな〟、うりぼうの〝ぼう〟から「いなぼう」と名づけられている。[10]

いなぼうの活動は、猪名川町の若手職員の有志が担っており、様々なイベントで引っ張りだこのようである。また、いなぼうは、町のマスコットキャラクターとして猪名川町が「いなぼうマニュアル」を定め、その理念に加え、活用策も書かれていることが大変興味深い。具体的には、デザインの活用、着ぐるみ使用の促進が記載されており、町としての本気度を感じるこ

子どもたちに大人気の「いなぼう」

とができる。筆者も実際に、いなぼうが活躍する現場に遭遇したが、猪名川町職員の元気な声と楽しそうな笑顔が印象的であり、とても清々しい思いがした。また、道の駅では、はがきやクリアファイル等のいなぼうグッズが展示・販売されるとともに、いなぼうをモチーフにしたたい焼きならぬ〝いなぼう焼〟（毎週土・日曜日・祝祭日販売）が販売されている。

　いまや「いなぼう」は、猪名川町には欠かせない地域資源であり、地域活性化策の一つとして取り組む姿勢と雰囲気づくりは、とても学ぶ点が多い。

四　高まる拠点性と近郊型地域振興モデル

二〇〇八年度の道の駅「いながわ」の農産物販売センターへの来客数は延べ約五〇万人、販売金額は約三億四〇〇〇万円と、開設以来、順調に増加している。消費者への地元産農産物等の普及が進んだことに加え、農産物販売センターの認知度の向上が図られてきた。生産面においても、農産物販売センターという新しい販路が確保できたことや、会員自らが販売に携わることから、会員の生産意欲が向上するとともに、猪名川町の側面的支援もあり遊休農地を含めた積極的な農地の有効活用を始めるなど地域農業の振興にもつながっている。

また、前述したように道の駅「いながわ」を軸とした「いなの郷グループ」やマスコットキャラクター「いなぼう」の活動など、生産者、地域住民、地域・経済団体、行政が一体となって、田園集落とニュータウンとの調和に基づく、猪名川町全体を盛り上げようとする地域振興の意気込みを感じることができる。

全体的には、**図7―2**のように、道の駅の創設効果として、第一に地元農産物の新しい販路の確保、生産者の生産意欲の向上、遊休農地も含めた積極的な農地の有効活用による地域内経済循環の創造がみられよう。第二に、田園集落エリアとニュータウンエリアの人的及び物的交

図7―2　道の駅「いながわ」の地域振興イメージ

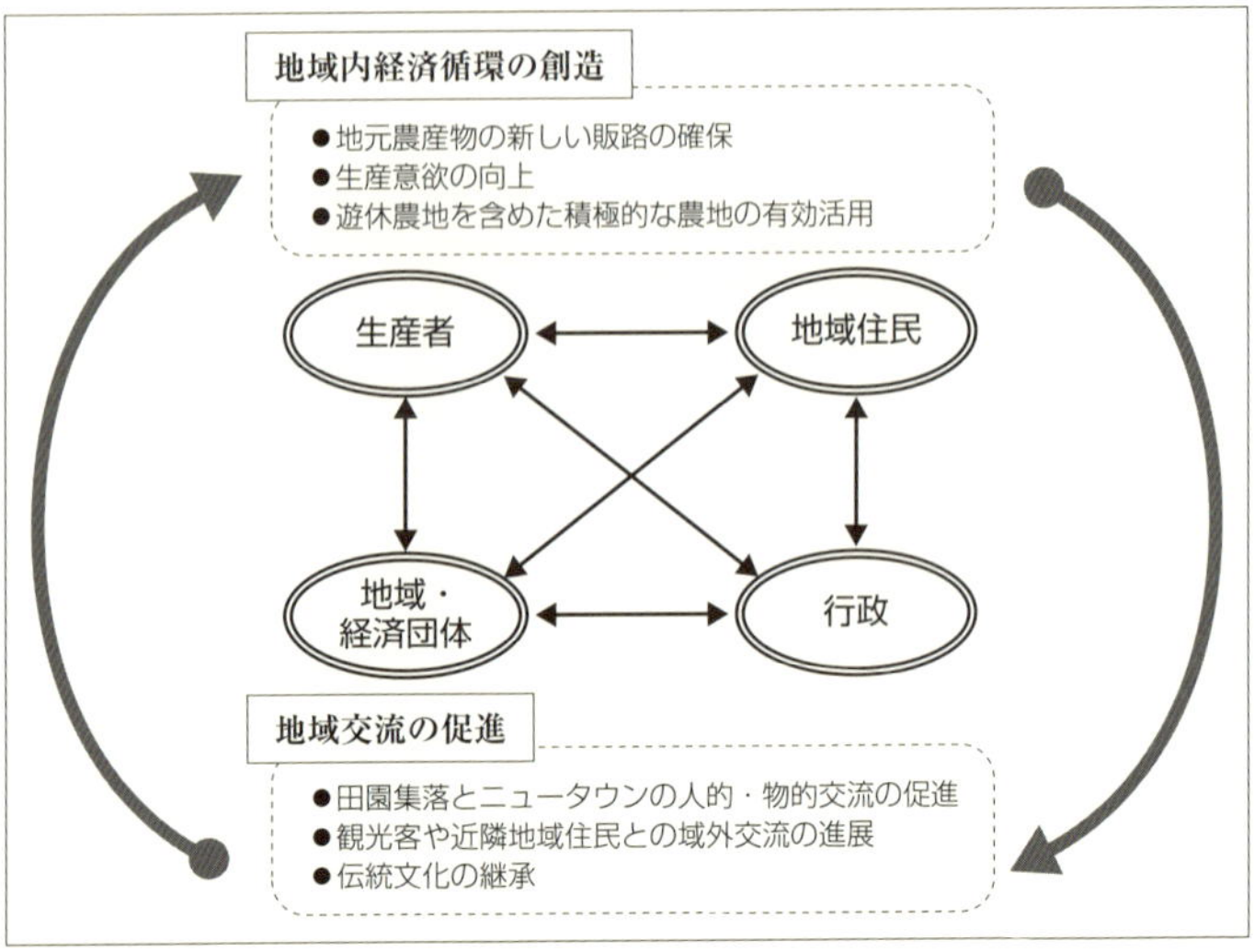

資料：筆者作成

流の促進、観光客や近隣地域住民との域外交流の促進、「食」を通した伝統文化の継承による地域交流の促進も図られている。

また、道の駅を単なる観光や販売を目的とした施設という見方をするのではなく、地域振興とまちづくりの拠点としての役割が、今後ますます高まることが期待される。道の駅「いながわ」は、そうした施設であり、近郊型「道の駅」のモデルケースとして、その取り組みの意義は深い。

最後に、今後の課題を示したい。小長谷・渡邊・岩井（二〇一〇）において、道の駅の成功のポイントとして、①地元組織の健全さ、②対ライバルとの差別化、③対顧客のマーケティングが示されている。このポイントを道の駅「いながわ」にあてはめ

図7―3　道の駅「いながわ」の地域振興イメージ

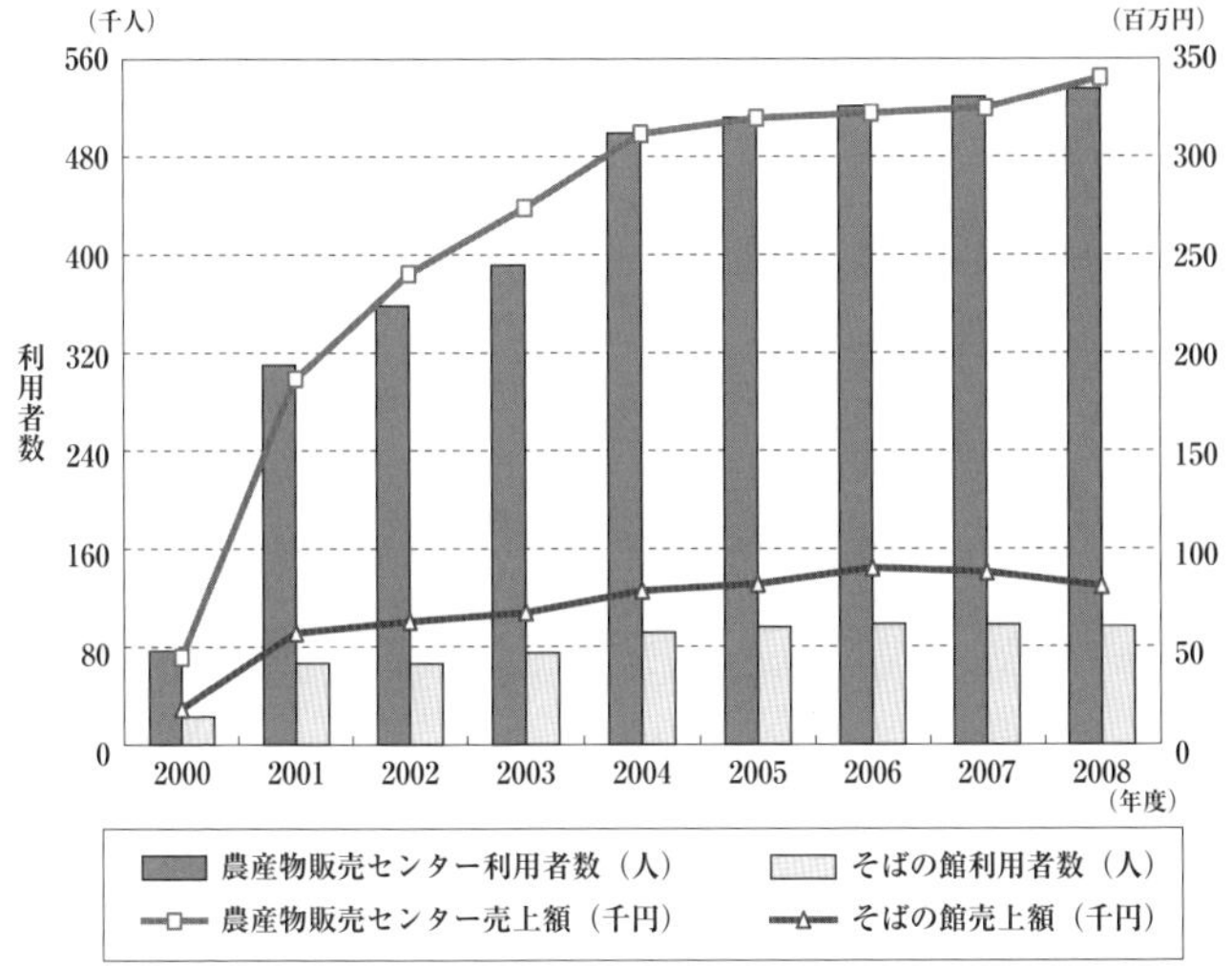

資料：猪名川町

ると、第一の地元組織の健全さについては、図7―3からもわかるように道の駅全体は順調であり、かつ運営母体である㈱いながわフレッシュパークも設立以来黒字決算を出し続けていること、さらに道の駅を支える地元農産物を提供している生産者やいなの郷グループ等の存在もあり、クリアしている。

第二の対ライバルとの差別化であるが、最大のライバルとなる同業の「道の駅」は、近隣には存在せず、都市部に最も近い道の駅としてのその存在感は際立っている。しかし、約二キロ離れた地点に、大規模商業施設があるが、地元にこだわった新鮮野菜、地元商品の提供・陳列等により、差別化は図られている。

最後に、対顧客マーケティングであるが、来場者アンケートの実施、野菜等の販売商品の売上分析、道の駅における対面販売等により、現在は来場される顧客（消費者）の心は掴んでいるようにみえる。しかし、来場者の九〇%を町外に依存している実態から、移り気な消費者をつなぎとめる「新たなストーリー」の構築が喫緊の課題であろう。

田園集落とニュータウンが融合する大都市圏に位置する「道の駅いながわ」は、まだまだ深化する可能性が高く、有望な地域振興の拠点として、今後もその伸展過程を注視していきたい。

（1）一九六三年に都市圏協議会として発足し、一九七五年広域協議会となり、その間合併論議もあったが、二〇一〇年三月解散となった。

（2）設立から一〇年が経過し、社員五人、パート・嘱託三五人を抱える会社に成長している（二〇一〇年一一月現在）。また、道の駅の運営については、㈱いながわフレッシュパークの取締役会が決定機関であるが、猪名川町、JA兵庫六甲、猪名川町商工会、兵庫県農業改良普及センターとの定期的な意見交換、連携による四季を通した事業の企画、イベントの開催等が行われている。

（3）二〇一〇年八月から九月にかけて道の駅で実施したアンケート（アンケート回収数約五〇〇人、聞き取り調査）によれば、九〇%が町外の来訪者であり、特に多数を占めていたのは、隣町の川西市であるが、近隣の大阪府、兵庫県下からの来訪者が多い結果となった。また、遠方では、和歌山県、滋賀県からの来訪者もあった。

（4）猪名川町内の生産者約二五〇名が会員となり、当日の朝に収穫した農産物を各自で搬入・価格設定し、会員自らがバーコード（品目名、価格、氏名を印字）の貼付を行い、売れ残った商品は、自ら持ち帰るシステムを採用している。

（5）冬場は、野菜の供給量が全体的に減少することから、猪名川町役場では、ビニールハウスの設置を奨励しているため、補助金制度を設けている。

（6）道の駅「いながわ」の記述については、二〇一〇年一〇月に道の駅「いながわ」のキーマンでもある猪名川町建設部農林商工課主幹（当時）の真田保典氏に対して実施したインタビューに基づいている。

（7）そばは、湿田には不向きであるとされていたことから、猪名川町では半米農家から徐々に浸透していった。

（8）いなの郷グループの取材にあたっては、ＪＡ兵庫六甲猪名川営農支援センター営農相談員（当時）の脇裕加里氏に大変お世話になった。いなの郷グループのインタビューを通して、脇氏が福西会長、野木副会長の良きサポート役として大切かつ不可欠な存在であることがうかがえた。

（9）例えば、二〇〇九年に彦根市で開催された「ゆるキャラまつりin彦根～キグるミさみっと二〇〇九～」では、七万人を越える来場者数があり、人気を博した。詳しくは、㈳ゆるキャラサミット協会（http://fes2010.yuru-chara.jp/）を参照されたい。

（10）猪名川町ホームページ（http://www.town.inagawa.hyogo.jp/dept/02100/inabou/d003230.html）より。

参考文献

小長谷一之・渡邊公章・岩井正（二〇一〇）「「道の駅」とは何か――交通条件を活かした地域活性化拠点」『地理』五五巻七月号、古今書院

第Ⅲ部

新たな局面に立つ「道の駅」

第8章　新潟県新潟市（旧豊栄市）／全国初の一般国道パーキングエリアとして設置

――道の駅「発祥の地」とされる「豊栄」

関　満博

一九九三年四月二二日に「道の駅」の第一回登録が行われ、以来、二〇一一年三月現在、その数は全国で九七〇カ所を数えるものになっている。この間の基本的な流れは序章で示したが、関係者が具体的なイメージを形成するにあたって、参考にした先行事例として島根県掛合町（現雲南市）の「掛合の里」と新潟県豊栄市《とよさか》（現新潟市）の「豊栄パーキングエリア」が知られている。

一九九〇年三月に供用開始となった「掛合の里」は、竹下登内閣時代（一九八七年一一月～八九年六月）の「ふるさと創生事業」により、竹下元首相の出身である島根県掛合町で設置されたことも興味深い。大きな駐車場、トイレ、休憩施設、食堂、物産の販売などの施設が用意されていた。また、近年の道の駅の主要な要素となっている「農産物直売」の部門は、後に敷地内に建物が設置されている。

この点、豊栄市の「豊栄パーキングエリア」の場合は、国土交通省の事業として、初めて一般国道にパーキングエリアを設置しようとするものであり、高速道路のパーキングエリア、サービスエリアの経験が反映されているものでもあった。なお、この豊栄パーキングエリアは一九八八年一一月一〇日という早い時期に供用開始されている。特徴的であるのは巨大な駐車場を有し、さらに充実した道路情報ターミナルを設置していたという点であろう。

この二つの先行事例が、その後の道の駅の普及に大きな影響を与えていった。この章では、道の駅の「発祥の地」といわれ、事実上、最も早い時期に先行的な取り組みをみせた「豊栄パーキングエリア」に注目し、その成り立ちと考え方、当初用意された機能等をみていくことにする。そして、設置以来すでに二二年にも及び、多くの経験を積み重ねてきたが、環境も大きく変わってきた。ここではその中から生じてきている今後の課題というべきものをみていくことにしたい。

道の駅「発祥の地」の碑

一　一般国道のパーキングエリア

この豊栄パーキングエリアの建設主体である建設省新潟国道工事事務所は、供用開始にあたり、以下のような趣旨を掲載したリーフレット『御案内』(1)を配布していた。

「北陸自動車道に直結し、新潟都市圏の広域交通を支える新潟バイパス、新新（新潟〜新発田）バイパスは、インターチェンジを利用して出入りする高い規格の幹線道路です。来年（八九年）秋に迫った新新バイパスの新発田までの全線供用時には黒崎、新潟、新発田間に信号のない快適な道路が出現することになります。高速道路にパーキングエリアが設けられているのと同じように、ドライバーの皆様への道路サービスの一環として新新バイパスの豊栄インターチェンジと東港インターチェンジの間に『豊栄パーキングエリア』を計画しました。当パーキングエリアでは、休憩の場として活用して頂くほか、道路情報をはじめとするさまざまな情報を提供する『道路情報ターミナル』を備え、皆様の道路情報に対するニーズに応えるよう配慮されています」と記されていた。

この試みは、高速道路以外の一般国道としては初めてのものであった。

約四ヘクタールの工事用盛土地を利用

新新バイパスとは、一般国道七号の新潟市から新発田市間が新潟東港とその周辺の臨海工業地帯の発展により自動車交通の増大と渋滞を解消しようとするものであり、新潟市海老ケ瀬〜新発田市の延長一七・二キロに計画されたものである。事業化は一九七一年度、工事着手は七三年度、八八年度秋に全線開通が計画されていた。

この点、当時、一般道路においては民間のドライブインなどの休憩施設が設置されていたが、

豊栄パーキングエリアの鳥瞰図

写真提供：国土交通省北陸地方整備局新潟国道事務所

新新バイパスの場合、北陸自動車道の黒崎パーキングエリアから新発田市まで自動車専用でありながらも、休憩施設がないことになった。一般的には高速道路の場合、ほぼ二五キロ間隔でパーキングエリアを設置していることから、黒崎パーキングエリアから二八キロ離れた豊栄に一般国道としては初めてのパーキングエリアを設置することになる。

建設予定用地は新新バイパス建設のための盛土地であり、東京ドーム（四万六七五五平方メートル）にほぼ等しい約四ヘクタールが視野に入れられていた。特に、その中央部の八七〇〇平方メートルは四八〇頭の豚を飼育する養豚家用地であった。周囲からの悪臭の苦情も多く、用地買収はスムーズに運んだとされている。一九八一年には用地を買収し、八四年には一部駐車場として使用されていった。

道の駅「豊栄」の正面

一九八八年一一月にグランドオープン

なお、この豊栄パーキングエリアは豪雪地帯という土地柄を受けて、パーキングエリアに加えて、除雪ステーションが設置されている。一九八七年には駐車場の一部と除雪ステーションがオープン、そして、八八年一一月一〇日には道路情報ターミナル、トイレ、売店、食堂等も備わった現在の原型となる施設のグランドオープンとなった。用地取得費が約四億円、施設整備費が約一四億円、計一八億円の事業であった。一九八〇年に「道路開発資金」がスタートし、自動車専用道路（自専道）でも、占用許可を受ければ、休憩施設等の建設資金を借り入れることができた。この点が追い風になったとされている。

道の駅「豊栄」の案内

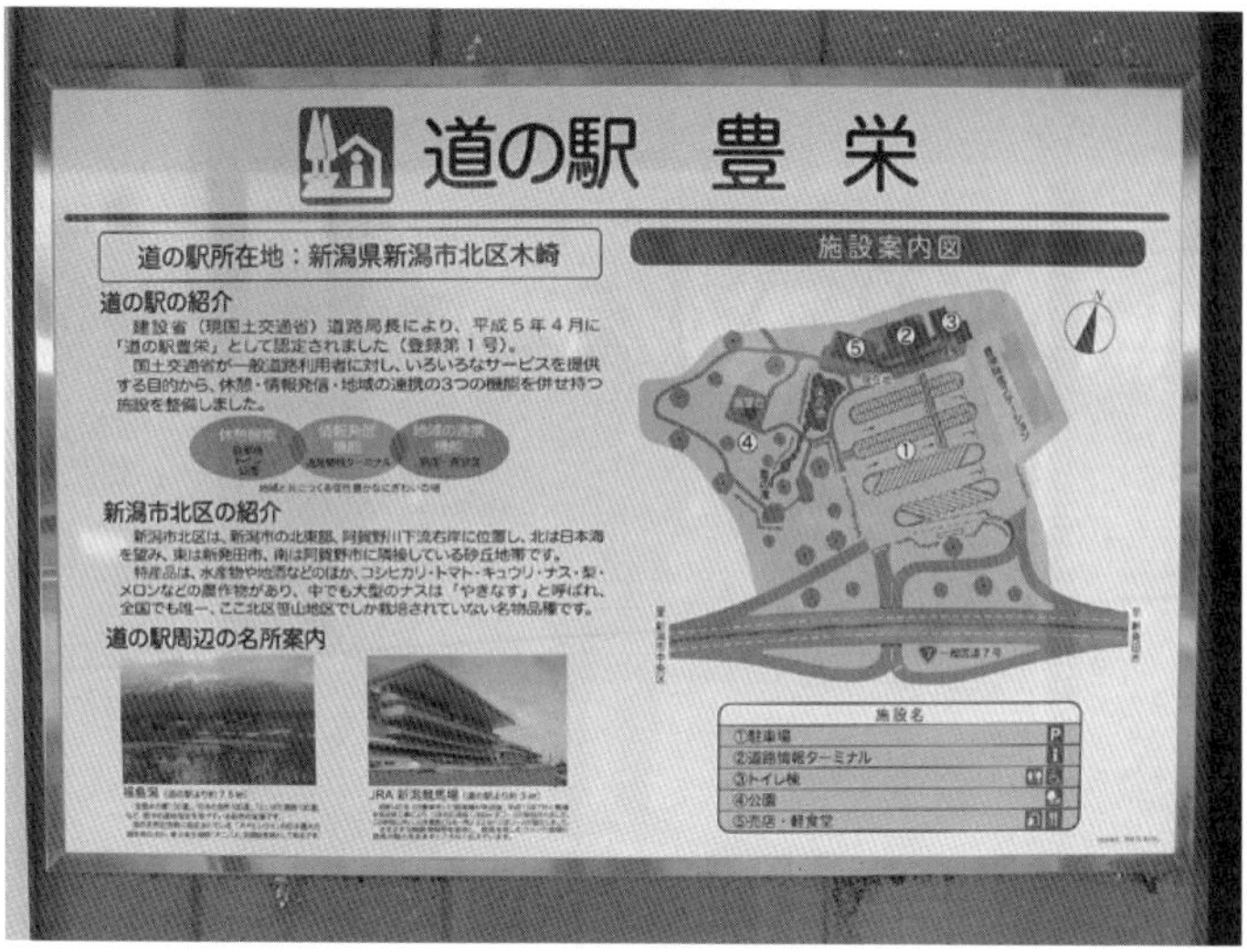

二　当初用意された機能

敷地面積約四ヘクタールの中で、オープンにあたって用意された施設は以下のようなものであった。[2] また、本館というべき建物の建築面積は約一〇〇〇平方メートルであった。

豊栄パーキングエリアの基本施設

① 駐車場（小型車用七〇台、大型車用三〇台）　七九〇〇平方メートル

② 道路情報ターミナル　五三〇平方メートル

③ トイレ（男子用二七、女子用二〇、車イス用一）　二七〇平方メートル

④　既設トイレ（大三、小三）　三〇平方メートル
　公園　一万〇〇〇〇平方メートル
⑤　あずまや（二棟）　九〇平方メートル
⑥　除雪ステーション　七二〇平方メートル
⑦　休憩所（占用施設［軽食堂、売店］）　一九〇平方メートル

除雪ステーションの設置

施設の全体構成を見ると、高速道路のパーキングエリア、サービスエリアに限りなく似ている。広大な駐車場、二四時間利用できるトイレ、道路情報ターミナル、公園、そして休憩所となる。とりわけ豊栄パーキングエリアの際立った特徴は、豪雪地帯であることを反映して、除雪ステーションが併設されている点であろう。除雪機が格納される建物は七二〇平方メートルだが、前面に広い空間を持っている。

除雪ステーション

先端的なメディア機器による道路情報ターミナル

もう一つの特徴は、道路情報ターミナルが五三〇平方メートルと相当の面積を占めている点であろう。売店、レストランを含めた休憩所の約二・八倍ものスペースを用意していた。近年

道路情報ターミナルのカウンター

の道の駅の多くは、地域情報センター的なもののスペースは数十平方メートルの場合が多いのと比べ、国土交通省側の意欲が読み取れる。

先の『御案内』でも、情報ターミナルとして、以下の点が強調されていた。

- ルートマップ→通行規制状況を表示。
- 道路情報パネル→通行規制・気象状況を電光文字により表示。
- モニターテレビ→道路状況や一般に放映されている文字放送をテレビ画像で表示。
- ビデオテックス→利用者が選択した目的地までの経路・時間を表示。
- ハイウェイラジオ→新潟県内の路側放送と同じ内容の情報を放送。

当時、このような情報提供は最先端のものに映り、地方紙の『新潟日報』[3]も「一般国道では全国初。東名高速道の海老名に次ぎ全国二番目という道路情報ターミナル。各種の情報メディア機器でドライバーの便宜を図る」として注目していたのであった。

地域活性化のお手伝い

この先駆的な事業を担ってきた新潟国道工事事務所は、所内報の『所内報にいがた』第一四六号を「豊栄パーキングエリア開所記念特別号」として編集し、その中で当時の中岡智信事務所長が「職員の財産『豊栄パーキングエリア』」と題する文章を寄稿している。

「一般道路（自動車専用道ではない）でこれほど本格的かつ大規模なものは全国で初めての施設であります。数多くの新しい問題をひとつひとつ解決してオープンを迎えることが出来ましたが、このプロセスの中で苦労したことは全て自分たちの財産となるものです。……ひとつはここが私達と道路利用者との直接の接点となることです。……次に売店などを介して地域活性化のお手伝いをする場を持つことができ、生きた経済の一端に触れることが出来るようになりました。……パーキングエリア全体のスペースも無限の利用可能性を示しています(4)」とその完成の喜びを綴っていたのであった。

道の駅の登録が開始される一九九三年四月に先立つこと四年半、一九八八年一一月に新潟の地で興味深い取り組みが開始されていたのであった。

三　管理運営と売店、食堂

なお、国土交通省の新潟国道工事事務所が設置した豊栄パーキングエリアは、道の駅の先行事例として注目され、そして、一九九三年四月二二日の第一回の登録一〇三カ所の一つの道の駅「豊栄」として登録されていく。

全国の一般の道の駅の場合、駐車場、トイレ部分は国土交通省、地域情報センター、休憩施設、売店、レストラン等は地元の市町村が負担する場合が多いのだが、元々、国土交通省の事業として出発した「豊栄」の場合は、事情が相当に異なる。全ての不動産の所有は国土交通省である。

また、情報センター機能はあるものの、豊栄の場合は「道路」を軸にした道路情報ターミナルとして位置づけられている。豊栄の場合は設置されている地域の情報センターとしての意義は小さい。このあたりが他の一般の道の駅と決定的に異なっている点であろう。

直売所「花果菜」

管理運営体制の特色

他の一般の道の駅の場合、地元の市町村を中心にした産業公社のような第三セクターが管理運営を行うことが多いのだが、売店、食堂、自販機等の運営は別にして、建物全体、駐車場、トイレ、道路情報ターミナル、除雪ステーションの管理は全て国土交通省の外郭団体である「社団法人北陸建設弘済会」が受託している。いわば国土交通省の半直営というものであろう。

この豊栄に常駐する北陸建設弘済会のメンバーは三人、常時二人がカウンターに立ち、道路情報等の提供、施設の管理運営を行っている。利用者アンケートなども随時行い、利用者の要望に応えようとしている。

最近問題にされるのは、特に夏季の土曜日の夜に若者が集まり大音響で音楽をやるために周辺から苦情が多いこと、駐車場に数人のホームレスが居ついていること、廃車が捨てられていること、また、宅配便の中継所とされていること、近隣の競馬場のバスの駐車場にされていることなどが指摘されていた。このような点は、他の道の駅でも問題にされているであろう。

また、設置されてから一二年を重ね、近年、いくつかの改修を行っていた。二〇〇一年にはIT技術を導入した情報機器の更新、二〇〇二年には無線LAN無料接続サービスの開始、さらに、二〇一〇年度にはトイレの大改修を行い、特に家族単位で使えるトイレを設置していた。

また、太陽光パネルを設置し、照明灯として利用していた。このような施設整備を重ねている

レストラン「軽食堂」

のであった。

スペースの小さな売店、食堂等

このように、道路情報ターミナルとしての機器の更新、トイレの改修等は行われているものの、休憩所、売店、食堂等は設置の頃の状況とあまり変わりがなさそうであった。この売店等については、設置当初、出店の申し込みが二〇社近くに上ったようだが、当時の豊栄市振興物産協会（現豊栄商工物産協会）に委託する方式をとっている。弘済会、当時の豊栄市、そして物産協会の三者契約の形をとっている。

国有地を一般の人に貸す「占用扱い」とし、いくらかの占用料を徴収し、豊栄市（現新潟市）に貸し、豊栄商工物産協会が運営する形となる。そして、実質的には個々の地元の商工業者が借りて経営を行っている。

物産の販売は地元の高口又四郎商店、食堂は同じく地元の中村屋、農産物は新潟市北区農業振興協議会、自販機は和光ベンディングであった。近年、他の道の駅で盛んな農産物の直売は北区農業振興協議会に任せているが、常時出荷している農家は六戸ほどであり、スペースも小さくやや寂しい感じが否めなかった。また、食堂のメニューも高速道路のパーキングエリアと同様に特に地域色は見えず、ごく一般のメニューであった。

近年の道の駅では、地元色の強い農産物の販売、郷土食の提供が人気を呼んでいる場合が多いのだが、豊栄の場合はそのあたりに課題がありそうにみえた。むしろ、それは新たな発展可能性があることを意味しているようにも思える。

四　近隣の「道の駅」との競合と今後の課題

新潟県で最初の道の駅であり、交通量の多い新新バイパスに面していることから、先行的に大きな成功を納めることができた。だが、設立以来二二年が経過し、置かれている構図はかなり変化してきているように思える。最大の構造的な変化は、周辺に道の駅ができ、競争が厳しくなっている点であろう。

特に、南に二五キロほどのところに新潟県の拠点的・総合的な施設が設置され、その中に巨大な「新潟ふるさと村」という道の駅が形成されていることに大きな影響を受けている。新潟ふるさと村は農産物に加え、水産物も豊富であり、顧客吸引力が圧倒的なものになってきた。新潟市民の土日の買物の場所となってきた。日本でも最大級の地場産の農水産物の直売施設ではないかと思う。特色のあるレストランも設置され、新潟市周辺の消費者を惹きつけているようであった。さらに北一五キロには道の駅「加治川」もある。このような近隣の道の駅と差別化されるあり方が問われているようである。

また、二〇一〇年以来実施されている「高速無料化」の影響も大きい。高速道路の利用者が増え、新新バイパスの利用者は二〇%ほど減少している。その影響から売店等の売上額も二〇%程度落ちている。豊栄の売店、食堂共に特に目立った特色はない。周辺は稲作に加え、梨、ブドウ等の果物の里でもある。そのような地元の優れた農産物をアピールできるような取り組みが必要なのではないかと思う。

所有者の新潟国道事務所も「除雪ステーションの前面の空き地は冬季以外には使わず空いている。何かに使えないのか」と提案しても、地元から積極的に取り組む様子も見えないようである。全国の多くの地域では、農産物の直売や加工が積極的に取り組まれているのだが、新潟市近郊の豊栄は豊かであり、いま一つ積極性に欠けるのかもしれない。

豊栄パーキングエリアが設置された頃と現在では、社会経済環境は大きく異なっている。地元としては道の駅豊栄の施設とこれまでの経験は大きな資産であろう。それを活かし、新たな可能性に向かっていくことが必要なのではないかと思う。道の駅発祥の地の一つとされる豊栄は、いま大きな転換点に立っているようにみえた。

（1）建設省新潟国道工事事務所『新新バイパス豊栄パーキングエリア供用の御案内』一九八八年。
（2）新潟国道工事事務所『豊栄パーキングエリアの利用状況について』一九八八年一一月一八日。
（3）『新潟日報』一九八八年六月四日。
（4）中岡智信「職員の財産『豊栄パーキングエリア』」（『所内報にいがた』新潟国道工事事務所、第一四六号、一九八八年一二月一〇日）。

第9章　岩手県遠野市

／年間百万人を集める民話の里の道の駅

——地域の観光・産業拠点「遠野風の丘」

関　満博

岩手県遠野市といえば、柳田國夫の『遠野物語』（聚精堂、一九一〇年）で知られる。岩手県のほぼ中心のやや南部、南北に展開する北上高地の最高峰早池峰山（標高一九一七メートル）の南側に位置する。平成の大合併期の二〇〇五年一〇月一日に旧遠野市と旧宮守村が合併し、現在の遠野市となった。北に宮古市（旧川井村）、東に釜石市、南に住田町、奥州市、西に花巻市と接する。北上山系の懐に抱かれた典型的な中山間地域を形成している。

旧遠野市の面積は六六〇平方キロ、人口二万七六八一人（二〇〇〇年一〇月）、旧宮守村の面積一六五平方キロ、人口五四二七人が合併し、新たな遠野市（面積八二五平方キロ）になった。この間、人口は二〇〇〇年の三万三一〇八人から、二〇一〇年三月には三万〇四五五人と、この一〇年で二六五三人の減少となった。やはり遠野も人口減少に悩まされていた。

交通体系的には、北上川流域の花巻市と三陸沿岸の釜石市の中間に位置し、ＪＲ釜石線と国道二八三号が東西に平行して走っている。西の花巻、東の釜石のいずれにも一時間の位置にある。この遠野の場合、『遠野物語』で紹介されたように独特の地域文化・歴史があり、条件不利の中山間地域でありながらも、訪れる人も少なくない。そのような点を受け止めて、遠野市はグリーンツーリズムを意識して施設整備を重ねてきた。

遠野市立博物館、とおの昔話村、遠野城下町資料館、遠野郷土人形民芸村、伝承園、南部曲り屋千葉家、たかむろ水光園、遠野ふるさと村など、良質な空間が広く整備されている。そして、平成に入る頃になると、ドライブの途中に休憩し、地域観光やイベント情報の提供をはじめ、地場産品を提供する施設の必要性が生じていく。特に、花巻方面から遠野を経由して釜石に向かう場合、宮守の「道の駅みやもり」を過ぎると釜石まで一時間以上も国道沿いにトイレがないことが問題にされていた。

一　地域活性化の拠点として設立・運営

一九九二年の頃から、市役所を中心に市場調査を開始、一九九四年には道の駅設立に向けたプロジェクトチームを立ち上げていく。交通量からして、当時の予測では年間の利用者は一六万人とされた。このような状況を踏まえ、二四時間利用可能なトイレの設置、地域住民の交流、地場産品等の展示販売、道路利用者に対する地域情報提供のための情報センター、各種催事ができる多目的ホール、隣接する公園などを一体的に整備していくことになる。

全体の計画面積は一万七七五六平方メートル（岩手県分九一二一平方メートル、遠野市分八六三五平方メートル）、総事業費は一一億一二〇一万円（岩手県分三億七六四四万円、遠野市分七億三五五七万円）、一九九八年六月三〇日にオープンの運びとなった。場所は遠野市街地の西の国道二八三号沿いの高台の、さらに風の強い寒風《さむかぜ》集落ということもあり、名称は「遠野市情報交流センター『遠野風の丘』」とされた。そして、翌九九年八月二七日に岩手県で第一七番目の道の駅「遠野風の丘」に登録されている。

道の駅遠野風の丘

魅力的な施設構成と内容

当初、年間一六万人と予測されていたものの、意外な人気を呼び、実質オープン三年目の二〇〇一年には利用者数九六万人、全体の売上額六億二六七九万円にものぼった。そして、二〇〇四年には一〇二万人、その後、ほぼ一〇〇万人を少し超えるところで推移している。年間売上額もほぼ六億円を少し上回っている。実際、現場を訪れると、施設の規模はさほど大きなものではないが、年配者を中心に多くの人びとが楽しんでいる様子が印象に残った。

利用者に対するアンケートでも、「インフォメーションの案内が親切」「新鮮で品揃えが豊富」「のんびりした雰囲気が良い」など、好評を博しているようであった。いくつかの道の駅を経験している身からすると、野菜の直売の部分が館内と屋外にあり、新鮮な野菜が豊富に持ち込まれていること、物販の部分は地元の加工品が豊富なこと、食堂の他に、屋台風の店が三店もあり、郷土の伝統食・菓子などが魅力的に提供されていること、無料休憩所が広く使い易そうなこと、インフォメーション部門も手作り感があり、楽しめることなど、全体が魅力的に構成されていることが痛感された。

他方、アンケートでは「従業員に笑顔が足りない」「マンネリ化」「駐車場が狭い」等が指摘されていた。実際、予想以上の利用客に恵まれ、対応しきれていない部分があるのであろう。このような指摘に対して、風の丘側は「一定の評価をいただいているが、まだ接客態度について足りない部分がある。仕事に追われすぎて、研修等に時間をかけることができないのが現状」「お土産品は豊富にあるが、風の丘にしかない『名物』があまりないのが課題である。また、店内装飾、商品陳列、メニュー等利用者に飽きの来ない工夫も求められている」と振り返っていた。

情報提供と地域連携

施設は、基本的には「駐車場（一七八台）」「情報交流センター」「その他」から構成されている。

駐車場は、普通車一六八台、大型一四台、身障者用三台である。

メインの情報交流センターは、休憩ホール、物産展示ホール、レストラン「風車」、インフォメーションからなる。

その他は、二四時間トイレ、風力発電施設、屋外野菜販売場、屋台風販売店、加工場、簡易テント（食事ができる）などである。

一般的に、道の駅の情報提供機能、地域連携機能は貧弱な場合が多いのだが、この風の丘は相当に充実しているようにみえた。「インフォメーション」は、職員が常駐で案内しており、市内観光施設、道路状況等の情報提供、近隣市町村へのアクセス、宿泊斡旋、市内イベント等のチケット販売等を担っている。また、「さむかぜ倶楽部」というコーナーは、手作り感のある農業体験、飲食店、宿泊施設等の情報の掲示をしている。その他に「市民ギャラリー」もあり、二週間交代で市内の団体・個人に無料で提供されていた。

さらに、地域産業との連携については、「案内業務」「市内物産の展示販売」「地産地消の普及」「テナントの育成」が掲げられ、ここから市内に人を呼び込むことを含めて、「遠野市全体の活性化」が深く意識されていた。

「市内物産の展示販売」は「産直による農産物の販売拡大」「お土産・工芸品の販売拡大」が意識されていた。「地産地消の普及」は「学校給食材への納品」「地元産品のギフト」「農産物の栽培と販売」、また、「テナントの育成」は「特産品の宣伝販売」「企業化の設立」が掲げられている。このような意識は道の駅遠野風の丘の運営に深く反映されているようにみえた。

二　遠野風の丘の組織とテナント

この道の駅遠野風の丘の管理運営は、社団法人遠野ふるさと公社が担っている。この公社の前身は一九八一年設立の遠野物産協会である。その後、遠野観光協会の一部の機能を吸収し、一九八八年には現在の㈳遠野ふるさと公社に改組されている。会員は遠野市、花巻農業協同組合、遠野商工会の三者であり、出資金は七一〇〇万円である。

公社に改組以来、アンテナショップの設置等の経験を重ね、情報交流センター「遠野風の丘」のオープン以来、管理を受託し、二〇〇四年以降は指定管理者として管理・運営を担うものになってきた。現在では、公社はこの風の丘以外に、市内のたかむろ水光園、伝承園、遠野市物産センター、遠野ふるさと村の指定管理者も兼ねている。また、東京都武蔵野市の姉妹・

友好都市アンテナショップとして知られる吉祥寺の「麦わら帽子」にも参加している。[1]まさに、公社は遠野市の主要観光施設の管理に加え、地域の観光・産業振興の中核的な機能を担っていることになる。

公社の直営とテナント部門

道の駅遠野風の丘の組織は、支配人（菊池美之氏、一九六三年生まれ）と事務局を中心に、公社の直営部門の「風の丘売店」「レストラン『風車』」、焼き餅等の製造販売を手掛ける「だんご工房」の経営、そして、テナント部門からなっている。この道の駅遠野風の丘に関連する公社の職員はパートタイマーを含めて四〇人の規模である。

菊池美之支配人

支配人の菊地氏は地元の出身で盛岡のＪＡ共済連に勤めていたのだが、二〇〇三年に遠野市長に要請されＵターン、二〇〇八年から支配人兼事務局長の役に就いていた。

公社の直営部門も魅力的なものだが、この遠野風の丘の魅力はテナントにあるようにみえる。主なテナントは、農産物の直売を行う「遠野市農産物直売組合」、地元の農村女性グループによるおでん、おそば、郷土菓子を提供する屋台風の「企業組合夢咲き茶屋」、乳

年配の男性たちも並ぶ農産物直売所

製品を提供する地元の酪農家の「有限会社多田自然農場」、そして、地元の野菜を加工した漬物等を販売する「朝市実行委員会」となる。

比較的狭い物産展示ホールを中心に、直売部門とこれらテナントが入り交じり、活力のある構成になっていた。

遠野市農産物直売組合

道の駅遠野風の丘の看板の一つである「農産物の直売」は、道の駅の開設当初、市役所と公社で会員を募集したが思い通りに集まらず、ようやく五〇名を集めてスタートした。だが、オープンすると予想以上の利用者が集まり、農産物が意外に売れていった。一時は会員数八〇名を超えていたのだが、近年、高齢化により減少気味であり、現在では出荷会員は六八名になっている。年間売上額は二億五〇〇〇万円、一会員あたり三七〇万円ほどである。

農産物直売所の一般的な目標は一会員あたり一〇〇万円とされているのだが、それを大きく上回っている。(2) 実際、出荷されている農産物をみると、成功している直売所を痛感させる良質なものが並べられていた。売上額一〇〇〇万円を超えている会員が二名。盆栽、リンゴ農家と、もう一名は切り花、苗などの花卉農家であった。その他、五〇〇万円を超えている会員は一〇名前後を数える。

六八名の会員のうち、女性は七〇%であり、全て兼業農家である。三〇%は男性会員だが、特に、果樹・花卉部門の人は専業農家である。当初、コンテナ一つ三万円の権利金でスタートしたのだが、現在では入会のための権利金は四〇万円に上がっている。それだけ資産価値が高まったということであろう。なお、遠野市農産物直売組合は任意組織だが、みなし法人として納税している。

搬入は六時から八時だが、その後、四〜五回追加してくる会員もいる。開店は年中無休の八時から一九時。冬季（一〇月一六日〜三月三一日）は一七時三〇分までとしていた。出荷者はネットで売れ行きを検索出来るシステムになっていた。手数料は一〇%、シール代は一枚一円、支払いは月末締めの一五日払いであった。

（上）多田克彦のコーナー
（下）漬物の試食もできる

　なお、全国的にリンゴなどの果樹農家の場合、規格外品をジュースやジャムに加工する傾向が深まっている。風の丘の場合、リンゴ農家八戸がジュース、ジャムといった加工品を出しているが、加工は岩手県内の陸前高田市の神田葡萄園、紫波町の道の駅「あかざわ」の加工所に依頼していた。[3] かつて遠野のJAに加工施設があったのだが、現在はない。地元に付加価値を残していくためには、今後、加工が一つの課題になりそうであった。[4]

　現在、遠野地域には無人販売所を含めて農産物直売所が約三〇カ所ある。そのうちの大手一〇カ所で学校給食への食材供給を連携して行っている。地域との連携の一つの取り組みとして興味深い。

　このように積極的な農産物直売所であるが、会員の高齢化は著しい。平均年齢は六〇歳ほどだが、七〇歳超の会員が一〇名を超える。中山間地域に共通する問題だが、この直売所は道の駅「遠野風の丘」の看板であり、今後の大きな課題とされているのである。

多田自然農場と朝市実行委員会

テナントの一つである多田自然農場と朝市実行委員会は、物産展示ホールの中の一部で冷蔵ショーケースを置いて乳製品や漬物類を販売している。

多田自然農場の総師は多田克彦氏、公務員から転じ、独自な農法を確立したものとして知られている。「崩壊から蘇生へ、腐敗から発酵へ」を掲げ、土づくりに没頭し、「土の微生物のバランス」に注目、「発酵型の土壌」に行き着いている。また「水」についても、「野菜も水稲も、乳牛も健康でおいしいものをつくり出す源は『水』にあります」として、「牛舎の乳牛が飲む水は落葉を浸透してきた沢水を二四時間流して自由に飲むように」している。

この多田氏の店「多田克彦の店」が、先の農産物の直売所と共に遠野風の丘の物産展示ホールの一角に展開している。人気のソフトクリーム（バニラ、黒ゴマ、ミックス）をはじめ、牛乳、アイスクリーム、飲むヨーグルト、チーズケーキ、プリン、ウインナーソーセージ、さらに納豆まで販売していた。多田氏の販売コーナーは幅二メートルほどの冷蔵ショーケースに加え、休憩コーナーでのソフトクリーム、アイスクリーム販売だけだが、年間売上額四〇〇〇万円にも達しているのである。

また、朝市実行委員会とは、以前から遠野駅前で朝市をやっていたグループであり、一五名ほどの年配者から構成されている。この方々は道の駅「遠野風の丘」で朝市を行っているわけではなく、物産展示ホールの中に冷蔵ショーケースを置き、「遠野朝市の店」の看板を掲げ、漬物の試食販売を行っている。先の多田克彦の店と共に、人気スポットになっていた。

実際、物産展示ホールに踏み込むと、直営の物販部門と農産物直売組合による農産物直売部門を軸に、多田克彦の店、遠野朝市の店が融合し、魅力的な空間を構成している。そこに多くの人びとが吸い込まれていくのであった。

三　女性グループによる「夢咲き茶屋」の展開

この道の駅「遠野風の丘」の構成要素の中で人気を博しているもう一つのスポットは、地元の女性グループによって経営されている「夢咲き茶屋」であろう。メニューはそば、おでん、地元の伝統的な餅菓子である「かねなり」「きりせんしょ」などである。間口二間、面積五坪で年間売上額五〇〇〇万円をあげているのであった(5)。

女性グループによる人気の夢咲き茶屋

圃場の中にトイレを建設

夢咲き茶屋に関わっているのは、道の駅「遠野風の丘」が立地している稲作地帯が拡がる綾織地区の女性グループ「あやおり夢を咲かせる女性の会」のメンバーたち。地元の圃場整備に関連しながら、興味深い足取りを重ねてきた。

ことの起こりは一九九四年、戸数約五〇〇戸の綾織地区で大区画圃場整備が行われることになった。近年、兼業化が進み、農業における女性の役割が大きくなっているにも関わらず、依然として農村地域では女性の発言力は乏しい。そのような事態に対し、綾織地区の女性たちは圃場整備と地域の将来を自ら学ぶ「あやおり夢を咲かせる女性の会」を結成し、積極的に発言していった。

綾織地区の圃場の中のトイレ

特に、大区画圃場となると見晴らしが良くなり、田の段差や茂みがなくなり、用足しができないことが懸念された。ある女性の「田んぼにトイレを作って欲しい」という発言が事態を変えた。このような要請は前例のないものであったが、遠野市は女性たちの熱意に動かされ、一九九七年に休憩所併設の立派なトイレを県との協力で圃場の中に整備していった。これが全国的にも注目された綾織地区の圃場のトイレであった。そして、この動きをキッカケに、綾織地区の女性たちは結集し、エネルギーを高めていった。

この間、一九九四年には一三人の女性が集まり、先の「女性の会」が結成されている。目標としては、①夢を語ること、②自然と共生した環境づくり、③次世代の子供たちに何かを伝え残していくこと、④いつまでも女性らしく凛として生きていくこと、を掲げている。

伝統食をベースにスタート

その頃、綾織地区に道の駅を建設する計画がでてくる。女性の会の活動に注目していた遠野市から「店をやらないか」という打診が寄せられてくる。女性の会自身も、農作物の直売等を行いたいとの思いもあった。また、計画では道の駅の本館の屋外に設置される小さな店ということもあり、当面、地元の米で作ったおにぎり、汁物のそば、地元の伝統菓子の「かねなり」「きりせんしょ」を三本柱としてスタートしていくことになる。なお、「かねなり」とは米粉を水でこねて蒸し、クルミ醤油を塗って火であぶるものであり、「きりせんしょ」とは米粉をこねる際に醤油をさし、蒸して熱いうちにクルミとゴマを加えるというものである。いずれもクルミの香りがして歯ごたえのある菓子に仕上がっていた。

夢咲き茶屋の女性たち

女性グループが伝統食で農村レストラン[6]に踏み出す場合、作り方が各家庭で微妙に異なり、味の統一を図ることがなかなか難しい。女性の会も各人が持ち寄り試食を重ね、材料、分量、作り方をマニュアル化していった。一九九八年六月、道の駅遠野風の丘のオープンと同時に夢咲き茶屋はスタートした。初年度の売上額は予想を大きく上回る一八〇〇万円に達した。

企業組合を設立

ここまでの事業になると任意組織というわけにもいかず、法人化を検討し、企業組合の形を選択していった。企業組合とは中小企業等協同組合法に基づくものであり、組合員四名以上、一口一万円から。組合員の議決権は一名一票というものである。平等性を重んじる農村の女性起業の場合に選択されていく場合が少なくない(7)。

一九九九年にはメンバー一三名が出資し、「企業組合夢咲き茶屋」を設立している。現在の組合員は三三名、三〇歳代から七〇歳代までの女性から構成されている。スタート時からの中心メンバー四名の理事を軸に、三勤一休（三日働いて一日休み）のローテーションとなっていた。開店は八時から一九時まで（冬季は一七時三〇分まで）と物産展示ホールの農産物直売所の開店時間に合わせていた。日祭日は八人、ウィークディは四人で対応していた。働いた分は時給八〇〇円として各人の預金通帳に振り込まれていた。

五坪ほどの中に調理場と売場のカウンターがあり、おでん、餅菓子が並べられていた。お客は発券機でチケットを購入し、カウンターで商品を受け取り、外のテントや道の駅の休憩所に持ち込み、食事を楽しんでいた。周辺には朝の八時から開いている食堂はなく、開店前から並んでいるお客もいる。全ての商品をテイクアウト型にしたことが成功の一つの要因と語っていた。

また、食材については地元のものにこだわり、自分の畑のもの、直売所に出ているものを使い、米に関しては綾織地区の若手農業者が結成している営農グループ「夢現会」と年間契約を結び、地域振興にも深く配慮しているのであった。

四　新たな『遠野物語』を紡ぎだす

岩手県南で最も賑わっている道の駅とされる「遠野風の丘」、規模はそれほど大きなものではないが、老若男女であふれていた。地域の情報センターは手作り感がただよい、休憩所もゆったりとしたものであった。物産展示ホールには地元物産の販売、農産物直売、さらに、地元の著名な酪農家である多田克彦の店、さらに、朝市実行委員会の冷蔵ショーケースが重なり、人びとを惹きつけていた。

外に出ると、屋根だけの新鮮な野菜の直売が拡がり、また、夢咲き茶屋、串だんご等の名物茶屋「とおの村」、「だんご工房」が拡がり、人びとは張られたテントの下のテーブルで郷土食を楽しんでいた。風が通りすぎる寒風集落に設置された「遠野風の丘」は、遠野市街地の入り口に位置し、人びとを惹き寄せ、さらに遠野の街に誘っているようであった。

また、遠野ふるさと公社は施設管理ばかりではなく、地域産業振興全体を視野に入れ、新たな可能性を模索しているようにみえた。当面する最大の課題は、猿ヶ石川を挟んだ対岸に花巻と釜石をつなぐ釜石自動車道が建設中であり、遠野インターチェンジが風の丘を越えて遠野バイパスにつながる予定になっている点とされていた。支配人の菊池氏は「利用客が三〇％減少するかもしれない」と唇をかみながら、風の丘を越えて降り立つ人びとをいかに呼び戻すかの「魅力づくりが必要」と語っていた。

独特な歴史と文化に彩られている遠野には、魅力的な空間がたくさんある。さらに、郊外には魅力的な集落が拡がり、田園風景も美しい。遠野は観光施設だけでなく、まるごと人びとを惹きつける要素を備えている。遠野は在来型の観光ではなく、「発見」と「感動」を予感させる新たな観光の要素を深く身に着けているのではないかと思う。

そして、その入り口に道の駅「遠野風の丘」が位置している。新鮮で豊富な農産物、幅の広い郷土食、その豊かさは人びとに新たな感動を与えるのではないか。訪れる人びとが、新たな『遠野物語』を紡ぎだす入り口として、一歩を踏み出していくことを願わずにいられない。遠野と風の丘、綾織の人びとには、それだけの可能性を痛感させられことになろう。

(1)「麦わら帽子」については、牧本達朗「広域連携による地域産業振興——東京都武蔵野市他七市町村」（関満博・横山照康編『地方小都市の産業振興戦略』新評論、二〇〇四年）を参照されたい。
(2) 農産物直売所については、田中満『人気爆発 農産物直売所』ごま書房、二〇〇八年、関満博・松永桂子編『農産物直売所／それは地域との「出会いの場」』新評論、二〇一〇年、を参照されたい。
(3) 岩手県の直売所、加工所については、関満博『「農」と「食」の農商工連携』新評論、二〇〇九年、を参照されたい。
（4）農産物加工については、関満博・松永桂子編『「農」と「食」の女性起業——農山村の「小さな加工」』新評論、二〇一〇年、を参照されたい。
（5）この夢咲き茶屋については、岩崎由美子「女性パワーが地域の未来像を描き出す——『生活の場』としての農村地域再生のために」（『自然と人間を結ぶ』第二四四号、二〇〇七年一一月）、佐々木泉「地域の生産組織と連携、地元農産物を使った伝統の味を売る——岩手県遠野市綾織地区の『女性の会』と農村レストラン『夢咲き茶屋』の取組み」（前掲書）が有益である。
（6）「農村レストラン」に関しては、関満博・松永桂子「栃木県で進む『農村レストラン』の展開」（『商工金融』第五九巻第八号、二〇〇八年八月）、関満博『「農」と「食」のフロンティア』学芸出版社、二〇一一年、を参照されたい。
（7）女性起業と企業組合については、関・松永編、前掲『「農」と「食」の女性起業——農山村の「小さな加工」』を参照されたい。

第10章　島根県飯南町

／高速道路の新規開通と道の駅

――沿線に展開する「頓原」と「赤来高原」

中澤裕子

県の多くを中山間地域が占める島根県では、道の駅の設置による集客力増、経済効果への期待が大きく、早い時期から地域振興を意識した道の駅の設置が進んだ。島根県には二〇一一年三月現在、中国地方最多となる二七施設が開業しており、隠岐四町村と東出雲町を除く市町村すべてに道の駅が設置されている。

その背景には、高速道路の敷設が遅れていたことも影響しているように思う。日本海に沿って走る国道九号、そして松江から広島へつながる国道五四号に沿った高速道路の設置が古くから要望されていたものの実現に至らず、結果としてこの二つの国道が重要な役割を果たしてきた。いずれも片道一車線であるが、冬季にはしっかりとした除雪がなされ、いつも混みあっている。国道九号、五四号沿いの市町村では、国道の通過客をメインターゲットとした店舗づくり、道の駅の集客力を利用した産業振興が取り組まれてきた。

だが今、二〇一二年度に中国横断自動車道尾道松江線松江～三次間（以下、松江道）の開通を控え、これら道の駅は大きな転機を迎えている。この章ではそのなかでも国道五四号沿いに道の駅を二つ有する島根県飯南町の事例を取り上げていく。飯南町は松江道に新設されるインターチェンジから遠く離れ、道の駅も大きく転換を迫られているようであった。

一　国道五四号と道の駅

広島と島根県東部を結ぶ大動脈、国道五四号。広島から松江へ向かう場合、広島の三次までは中国道を利用し、三次インターから国道五四号を北上し松江に向かうルートが一般的かつ最短となる。三次インターから松江まで約二時間、一一〇キロのあいだに、広島県内に一つ、島根県内に四つの道の駅が並んでいる。

国道五四号沿いに展開する道の駅

国道五四号沿いに並ぶ五つの道の駅を、設置年に沿って概観していこう。まず、序章、第八章でも紹介されている、「道の駅」開設のきっかけとなったとされる道の駅「掛合《かけや》の里」（雲南市掛合、一九九三年オープン）。掛合町は竹下登元総理の故郷であり、竹下元総理の目玉施策であった「ふるさと創生事業」で交付された一億円を元に一九九〇年、大型の駐車場、特産館、レストランといった現在の道の駅に通ずる施設が設置された。

次にホール、宿泊施設、大型の産直市を備えた道の駅「頓原《とんばら》」（飯南町頓原、一九九三年オープン）。掛合の里同様「道の駅」認可前からあった施設を元に一九九三年の第一号認定で道の駅となり、後に敷地内に農産物産直市がオープンしている。詳細は第二節で紹介していく。

特筆すべきは国道五四号で最大の駐車場を備える「道の駅ゆめランド布野《ふの》」（三次市布野、一九九六年オープン）であろう。国道五四号沿いの道の駅で最大級の駐車場を備え、高速バスの休憩所としても利用されている。そして、この道の駅は中国地方の農村レストランで多く見かける「地産地消バイキング」の先駆け的存在である。地元産農産物にこだわったバイキングが、周辺に比べても安価な八八〇円で楽しめる。スタート当初より広島のマスコミに多数紹介され、道の駅や農村レストランが増えた今でも大変な人気を集めている。

そして比較的小型ながら充実した特産品販売と地産地消の洋風ランチで人気の道の駅「赤来《あかぎ》高原」（飯南町赤来、一九九七年オープン）。一九九七年、旧赤来町のまちづくり株式会社設立と共に設置された道の駅で、設置当初より道の駅を核にした地域振興が強く意識されていた。詳細は第三節で紹介していく。

最後に、道の駅「さくらの里きすき」（雲南市木次、二〇〇一年オープン）。国道五四号沿いでは後発となるこの道の駅は、島根県で初めて道の駅にコンビニを設置し、さらに奥出雲産直振興推進協議会（事務局ＪＡ雲南）(1)の運営する広域産直市「たんびにきて家」を設置するなど、周辺の道の駅から多くを学び設立されている。

いずれも国道五四号の通過客をメインターゲットとし、広い駐車場、レストラン、沿線の特産品を取り揃えたお土産売り場、そして農産物直売所を併設した利便性の高い施設である。またいずれの道の駅もその設立において、道の駅を核とした地域振興が大きく意識されていたことが特徴といえる。

図10―1　国道54号と道の駅

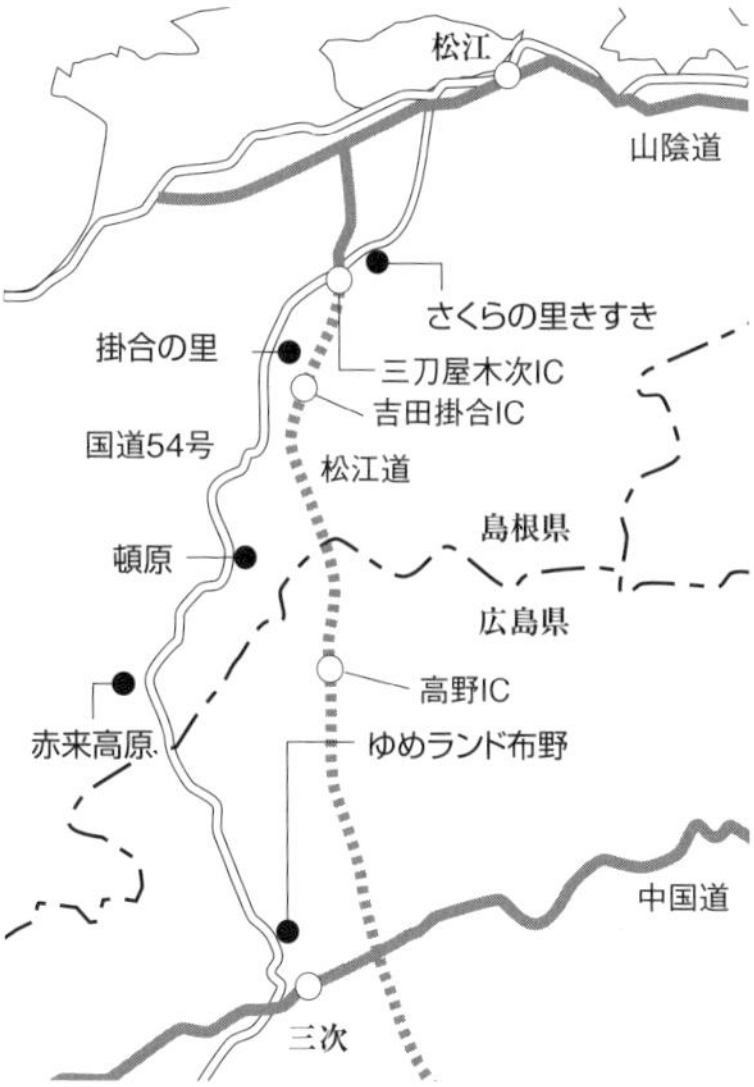

松江道開通を控え

これまで島根と広島を結ぶ大動脈だった国道五四号だが、まもなく転機が訪れようとしている。松江から三次を結ぶ高速道路松江道が二〇一二年度、ついに開通決定となった。島根県東部では、広島と高速道路でダイレクトに結ばれる期待感が日々高まっている。

松江道開通に伴い新しく吉田掛合、三刀屋木次の二つのインターが誕生する雲南市、尾道松江線と中国道のクロスポイントとして交通の要衝の位置を狙う三次市、新たに高野インターが設置される庄原市、そして高野インターから近く広島方面からのアクセスが格段に良くなる奥出雲町では、高速道を活用した振興策が急ピッチで検討されている。松江道は新直轄方式で建設されており区間にサービスエリアが設置されない。そのため、インター周辺に道の駅、ないしは同様の施設を設置することによって高速道利用客にサービスエリアの代替機能を提供するとともに、特産品・農産物の販売、レストラン利用による経済効果を狙い、さらに周辺観光へ結びつけようとする動きが意識されている。また三次市では地の利を生かして商業施設誘致等も検討されている。

このような動きの一方で、国道五四号の通過客、広島からのリピーターに支えられ順調に成長を重ねてきた国道五四号沿いの道の駅は、いずれも強い危機感を抱かざるを得ない状況にある。松江道開通を控えて国道五四号の利活用は各市町ともに取組みの優先順位が低くなっており、さらに危機感が募る。

二　交流の核へと向かう「頓原」

広島県と県境を接する高原地帯に広がる小さな町、島根県飯南町。国道五四号が町を南北に縦断し、広島から車で約一時間半という好立地を活かした産業振興が取り組まれてきた。一九八〇〜九〇年代には観光りんご園、宿泊施設など、町の大型出資による観光施設の設置が相次ぎ、民間資本のスキー場もオープンした。また早くから観光バスが入る大型のドライブインや飲食店が建ち、一九九〇年代には二つの道の駅がオープンしている。

以下の第二節、三節では飯南町に立地する二つの「道の駅」を紹介していく。二つの道の駅は同じ飯南町内にありながら、設立経緯も運営方式も大きく異なっている。それぞれ地域振興が深く意識された施設であり、合併前の町の施策を色濃く感じさせる。

高原の小さな町／飯南町

広島県と県境を接する島根県飯南町は二〇〇五年に赤来町と頓原町が合併して誕生した、人口五六〇〇人の小さな町である。標高四〇〇〜五〇〇メートルの高原地帯に位置し、高齢化率三八％（二〇一〇年）、主力産業は農林畜産業という典型的な中国山地の町なのだが、国道五四号が町を南北に縦断しており比較的交通の便が良いことが特徴となっている。旧赤来町民は広島県の三次市を、旧頓原町民は三次市ないしは出雲市を主な生活圏としており、町外への通勤者も多い。また広島と松江、出雲を結ぶ高速バスがおよそ一時間に一本停車しており、日常的な町民の足となっている。

松江道開通後は、高野インターが地図上での最短距離となるもののアクセス道が整備されていない。松江方面からは吉田掛合インターが最も近く二〇〜三〇分、広島方面からはこれまで通り三次インターを使うことになる。高速バスが停車しなくなることも懸念されている。

松江道開通後の道の駅の入込減は、道の駅に併設された産直市の売上に大きな打撃を与え、産直市に出荷している農業者、とりわけ高齢者の生活に大きな影響を与えると予想されている。飯南町ではこれまで、農業人口の高齢化・減少、生産額の減少にも関わらず、産直市の売上額は年々増加してきた。国道五四号沿いに立地する産直市の売上総額は二〇〇四年に九一〇〇万円、二〇〇八年には一億一四〇〇万円にまで達していたのである。

道の駅頓原

旧頓原町の中心近くに立つ道の駅「頓原」。道の駅頓原の歴史は古く、一九八〇年に旧頓原町によって宿泊施設、交流ホールを備えた「都市交流センターやまなみ」が設置されたところに端を発する。それから一九九三年に第一号認定で道の駅頓原となり、一九九五年には敷地内に産直市がオープンしている。

道の駅頓原は現在、ホール、宿泊、レストランを備えた「レストハウスやまなみ」（都市交流センターやまなみから改称）、後述する常設産直市の「ぶなの里」、飯南町頓原酪農組合が運営するアイスクリームのテイクアウトショップ「もんこちゃんのおみせ」の三つを核とし、他に二つのテイクアウトショップと情報コーナーを備えている。

道の駅頓原の特徴は、それぞれの施設が経営者の異なる独立施設である点にある。初期に認定された道の駅には比較的このパターンが多く、道の駅頓原は設立当初からこの運営体制を続けている。旧頓原町が住民、企業の自立による活動を推進する方針で町運営を行ってきたことも大きく関係しているだろう。

道の駅「頓原」。右が「ぶなの里」

道の駅頓原では、便宜上、最大の施設であるレストハウスやまなみの施設長が道の駅の駅長を兼任している。だが現状では定休日もばらばら、各施設が独自に宣伝活動、観光バスの呼び込みやイベントを行っており、松江道の開通を控え、まずは道の駅内での連携体制を作ること、町内他団体との連携を、各施設それぞれ今後の課題と認識していた。

地元産一〇〇%の産直市「ぶなの里」

大型観光バスも駐車可能な広い駐車場を備えている道の駅頓原。立ち寄り客の最大の目的はやはり産直市の「ぶなの里」だろう。ぶなの里は一九九二年に頓原の若手女性グループが当時このエリアではまだ珍しかった週末産直市をスタートさせたところに始まり、一九九五年に現在の場所にテント常設「青空市ぶなの里」開設に至っている。順調に売上が伸びていき、二〇〇二年に約六五〇万円の自己資金と県の補助金、旧頓原町の助成金をもとに現在の木造平屋へ建て替えた。旧頓原を主とした飯南町内の七五生産者・団体で構成され、二〇一〇年は売上額八九〇〇万に達している。店内に並ぶ商品はすべて飯南町産の生鮮野菜、加工品等であり、仕入品は一切置いていない。とりわけ漬物、おはぎ、おこわなど女性たち手作りの加工品の人気が高い。

旧頓原町では産直市ができる前からJAの加工所を利用して町内の農産物を使った特産品開発が積極的に行われ、「頓原漬け」「頓原みそ」など数々の特産品が作り出されてきた。ぶなの里ができてからはますます加工活動が活発になり、ぶなの里への出荷をメインとした加工グループが数多く誕生、活発に活動している。このため中国地方有数の豪雪地帯で冬季の野菜出荷が見込めないにもかかわらず、加工品が売上の六〇%を占めているぶなの里は一〜二月でも月二〇〇〜四〇〇万円の売上額がある。

ぶなの里では規模が拡大した現在も、販売価格を出荷者が自分でその日に決め、店には毎日当番制で出荷者が立つなど、出荷者の自立性を重視している。手数料はぶなの里の手数料一二%にJAの振込手数料等を加えた一五・三%と年会費六〇〇〇円。これとは別に新規入会時に一万円と、これまでの設備投資を平等に負担するため設備投資費を入会から二年間、売上の二％ほど徴収している。

ぶなの里が抱える最大の課題は高齢化による出荷減という。出荷者の平均年齢は六八歳で、年を追うごとに一歳ずつ平均年齢が上がる状況にある。現役で店番をこなす八〇歳代の生産者がいる一方で、病気や死亡を理由に出荷がなくなることも増えてきており、新規メンバーの獲得が望まれる。だが飯南町全体で見ても若手の専業農家は少なく、六〇〜七〇歳代の出荷者をメインとする状況が続いている。

産直市を核に「連携」「交流」へ向かう

ぶなの里代表の石田和久氏にお話をうかがった。松江道開通を控え、当然ながらぶなの里も入込減が見込まれている。だがぶなの里では、都市部での出張販売やインターネット販売などは視野に入れていないという。

石田氏は「ぶなの里を拠点に、二〇分、三〇分でも頓原に足をとめてもらう。ぶなの里を目的で頓原に来た人が、散歩コースや温泉を楽しんで、『回遊』して帰ってもらうようにできたら」と語る。また「ここの道の駅を『目的』で来てもらうためには、量の確保とともに、さらなる味・クオリティの上昇が必要。安心安全は当たり前、より美味しいものを提供できるよう

ぶなの里。夕方に行くとほとんど売り切れていた

目指していく」といい、ぶなの里自体の集客力を高めていくことにこれまで以上の労力を惜しまない、という覚悟が感じられた。

ぶなの里では今後、集客のため、また売上を確保するためにも「地域内連携」が課題としてあがっていた。頓原には日本有数の天然炭酸温泉「頓原ラムネ温泉」にスキー場、そして同じ道の駅内にはレストラン、宿泊施設、宴会場を備えるレストハウスやまなみがある。さらに町外との交流も意識している。これまでも数回消費者交流会などのイベントを行ってきたが、今後いっそう都会との交流を増やしていきたいという。

「今、いなか暮らしへの憧れが高まっている。田舎に流れがきていると思う。都会の人たちのこういったものを受け止められる素

地、環境を作っていきたい」。質の高い豊富な商品で人気を集めてきたぶなの里は、これまで右肩上がりの経営を続けてきた。松江道開通の危機を背に、町内外との新たな連携が始まろうとしている。道の駅の新たな形として今後を期待したい。

三　住民サービス拠点への移行を狙う「赤来高原」

飯南町のもう一つの道の駅「赤来高原」は、国道五四号沿い、旧赤来町の中心部に位置している。道の駅を中心に周辺にはぼたん園、りんご園、宿泊施設「憩いの郷 衣掛」と飯南町役場など赤来の主要施設が立地し、赤来のまちづくり総合拠点としての役割を担っている。

道の駅赤来高原は第三セクター㈱フロンティアあかぎとともに歩んできた。フロンティアあかぎは一九九六年に旧赤来町民九八人から二〇〇〇万円、旧赤来町から三〇〇〇万円の出資を得て設立されたまちづくり株式会社で、設立当初より道の駅を拠点とした赤来町のまちづくりが意識されていた。翌一九九七年に道の駅赤来高原オープン。オフィスを道の駅二階に置き、従業員一八人（うち正社員七人）で、道の駅赤来高原の運営、インターネット通販による特産品販売、ふれあいの森（旧島根県県民の森）管理と森林セラピー事業など旧赤来町内を中心に多彩な事業を手がけている。UIターンなど若者の受け皿となっていることも特徴的である。

フロンティアあかぎは合併後も飯南町唯一のまちづくり株式会社であり、オフィスの一角には飯南町役場産業振興課の職員三人が常駐し、フロンティアあかぎと連携を取りながら特産品開発、農産物の販路拡大、観光振興などを進めていることも興味深い。

道の駅赤来高原

道の駅赤来高原は一九九七年三月にオープン、トイレ、情報コーナーなど基本的な施設のほか、周辺地域の特産品を扱った特産館、レストラン、花工房を併設している。設立から年々内容が充実してきており、近年は地元の農産品を使ったカフェ風のレストランと、飯南町特産のやまといもを練りこんだパンや野菜をたっぷりのせたピザのテイクアウトコーナーがとりわけ人気を呼んでいる。また飯南町で特産品開発の進むやまといも、りんご、イノシシ肉の加工品など、土産品も多数取り扱っている。

道の駅赤来高原二〇〇九年度の総売上額はおよそ一億三〇〇〇万円、うち特産品販売（町外のもの含む）五〇〇〇万円、野菜等の直売二三〇〇万円、パンとレストラン部門が五〇〇〇万円。広島〜松江・出雲間のドライブの中間地点として道の駅布野とともに立ち寄りやすい場所にあり、松江・出雲と三次の常連客、そして広島からの通過客が多い。

なお道の駅赤来高原にも産直コーナーが設けられている。特産館入り口付近の二メートル×

六メートルほどの小スペースに野菜、加工品等の産直コーナーを設け、道の駅赤来高原が農家より手数料二〇%で預かって販売していた。販売は非常に好調で出せば売れる状態だったがスペースが小さいため取扱量が限られ、もっと出荷したいという声も強かった。旧赤来町ではここが最大の産直であり、合併後も旧赤来町の農家の多くは頓原まで持ち込まず、引き続きここへ出荷していた。

二〇一〇年春、町が特産館のすぐ隣へ新しく常設産直市「ぼたんの郷」を建設し、独立移転した。なお出荷協議会のメンバーが高齢化していることから、事務面は引き続きフロンティアあかぎに管理手数料を支払い委託している。

町民サービスの拠点「郷の駅」を目指して

順調に成長してきた道の駅赤来高原だが、ガソリン価格が高騰して以来、入込数が減少傾向にある。松江道開通後はさらに入込減が想定されることから、フロンティアあかぎでは「通過型道の駅から目的型道の駅への移行」と同時に、行政の縮小や道州制導入をにらんだ「町民サービスの拠点としての道の駅への移行」を検討している。

フロンティアあかぎ代表取締役兼道の駅赤来高原駅長の安部順郎氏は「役場が扱う案件の一部は民間で対応できると思う。行政が縮小していくなか、ここを行政に代わる町民サービスの

道の駅赤来高原

拠点『郷《さと》の駅』として時代を先取りした形にしたい」と語る。

「郷の駅」とは島根県が一九九八年、中山間地域研究専門の研究開発機関として全国に先駆けて旧赤来町に設置した島根県中山間地域研究センターが、コミュニティ、生活、産業、環境、交流の複合的な地域拠点を小学校区等の基本的な生活エリアごとに設置を提言しているものである。(2) この提言において具体的に道の駅の活用は触れられていないが、安部氏が意味しているように、道の駅が「郷の駅」となり得る可能性は高い。そうなれば、道の駅は休憩機能、情報発信機能、地域貢献機能に次ぐ第四の機能として「行政機能」が注目されていく可能性もある。また行政機能の一部を道の駅が受託することで道の駅の安定経営につながり、ひいては道の駅を核にした長期的な地域振興の取り組みにつながるようにも思える。

いっぽうで、農産物出荷の状況からも感じさせられるように、飯南町における合併後の意識醸成は依然として難しい局面にある。フロンティアあかぎはその名のとおり長らく旧赤来町を対象としたまちづくり事業を展開し、出資者も旧赤来町住民に限定されている。同じオフィスに役場職員が常駐するなど、飯南町全体を巻きこむ動きをしていくように意識されてはいるものの、合併後も主たる事業は旧赤来側のものであり、転換のきっかけがつかめていないようにも思われた。阿部氏も「出資者からは赤来のために何か、という声もある。住民サービスも旧赤来の範囲ならカバーできるが、頓原まで含めるとわからない。会社のしくみを変えていかないといけないいと思うが…」と語っている。

四　危機を追い風に変えて

ここまで、高速道路の新規開通の危機感を背に新たな方向性を模索する二つの道の駅「頓原」「赤来高原」の設立経緯、現状と課題を概観してきた。これらは小さな町の小さな道の駅の事例にすぎないが、「道の駅」の今後の可能性を示しているように思われる。

道の駅を核とし地域内外との連携、交流へ向かう頓原。道の駅に関わる地域の団体を核に、道の駅を拠点にして交流が広がっていく姿は、道の駅で時折見かける各種体験の域を超え、道の駅制定時に意識されていた、地域との最初の出会いの場という目的をいっそう具現化するものだろう。

そして町民サービスの総合拠点を目指す「赤来高原」。平成の大合併から数年が経過し、その間に各種公共施設の統合が進む中、また予算的に新たな施設の建設は困難となっている中で、比較的好立地で施設も運営体制も既存の道の駅は、地域の総合サービス拠点としてかなり現実的であると思われる。例えば、島根県浜田市では浜田駅の駅舎内に特産品販売コーナーとベンチ、観光案内を備えた「市民サロン」を設置しており、平日はここで住民票などの取得ができるようになっている。今後このような機能を持つ道の駅が増えてくるかもしれない。

全国にくまなく設置が進む「道の駅」はこれから先、地域それぞれの実情に合わせ、さらなる進化を続けていくに違いない。危機感を背に進化を遂げようとしている飯南町の二つの道の駅、これからもその今後に注目していきたい。

飯南町の道の駅と産業振興

最後に道の駅と産業振興という観点から、飯南町の動きを見ていこう。飯南町では合併後「定住促進」を最大目標と定め、教育、医療、産業振興など定住に関わる施策を核に「飯南町」として新たに歩み出そうとしている。そのうち産業振興部門では自然薯に劣らないともいわれる「やまといも」と、中国地方では飯南町と岡山県新庄村の二カ所しかない「森林セラピー」による一点突破が意識されている。(3) エリア的には車で二時間弱の広島をメインターゲットとした販路開拓、観光PRを行っている。

町の玄関口ともいえる道の駅は町民の収入の場、雇用の場であり、町の産業振興を考える上で大きな存在となっている。松江道開通に関する問題提起は二〇〇八年度の飯南町産業活性化ビジョン策定時に意識されており、それから二〇一〇年三月に役場を事務局として町民と専門家を中心に構成された委員会が「飯南町国道五四号活性化アクションプラン」を作成し、沿線の活性化に向けた具体的なアクションプランを示している。これを受けてまず二〇一〇年秋「楽楽五四号　道の駅スタンプラリー」が開催された。国道五四号沿いの五つの道の駅のうち三店舗で買い物をすると抽選で飯南町「食の商品券」二〇〇〇円分が当たるというもので、周辺市町の協力を得るには時間がかかるとの判断から飯南町単独での主催となった。

なお今回の取材を通じて、合併後の意識醸成が喫緊の課題であるように感じた。旧頓原町は企業・住民自立型、旧赤来町はフロンティアあかぎを核に行政主導によるまちづくりを進めてきた。それぞれに自負があり、合併から五年以上が経過してもなお、役場職員はもとより住民の意識も大きく異なっている。対立する考え方でもあるので、統合的な新しいコンセプトの上での意識統一が必要だろう。高速道開通の危機を背に、積極的解決を図れるか。

奮闘する若手職員

このような状況の中、飯南町の若手職員たちが奮闘している。休日返上で町のＰＲに励む彼らを応援するファンも多い。産業振興課の奥野憲孝氏（一九七三年生まれ）は月の半分以上を

奥野氏（左）。首都圏のスーパーで特産のやまといもを販売

出張に当て、広島を主とした都市部の販路開拓、観光PRに勤しんでいる。

イベントでは高原野菜、山菜やきのこがお客の目を留める。農産物の販売について「（高齢化で）産直の出荷量が年々減ってきている。産直は産直で量を必死に集めているから、イベントにまで持っていくとなると理解が得にくい場面もある」という。現状では、経営体制の違う二つの産直市からイベントへ農産物を提供してもらうことは難しく、直接個々の農家にお願いして出荷してもらっている。

「役場の人間がイベント、イベントって言って意味あるの？　って声もある。だけど飯南町の民間の多くは個人単位で信用がとれないのが現状。役場がバックにつくことで信用がとれることも多々ある。こっちから出向くことで消費地（の企業や個人）としっかりと関係を作って、太いパイプで飯南産品を置いてもらえるようにしたい」と語る奥野氏。「松江道開通後に手遅れにならないように」「これからも飯南町で暮らしていけるように」、それぞれの部署で地域に強い思いを持った若手職員が奮闘している。彼らの活躍が追い風となって、新たな「飯南スタイル」構築が加速していくことを願っている。

（1）奥出雲産直振興推進協議会については、関満博「新たな「雲南モデル」の形成」（関満博・松永桂子編『中山間地域の「自立」と農商工連携』新評論、二〇〇九年）など多数の報告がされているので参照されたい。

（2）島根県根中山間地域研究センターホームページ内、地域研究／生活分野「中山間地域における次世代型交通システム～新たな主体、エネルギー源、拠点施設、広域交通の参入設計～」に、研究目的とこれまでの研究成果が掲載されている。
http://www.pref.shimane.lg.jp/chusankan/kenkyu/chiiki/bunyabetsu/bunya3.html

（3）飯南町の産業振興については松永桂子「里山資源活かした地域ブランド戦略」（関満博・松永桂子・尾野寛明『農と食　島根新産業風土記』山陰中央新報社、二〇一〇年）に詳しい。ただし、その後里山コミッションに係わる事業が再編されたため、現在の組織体制とは異なっている。

終章　地域産業振興と「道の駅」のこれから

酒本　宏

一九八八年一一月、新潟市の新新（新潟〜新発田）バイパスに、パーキングエリアとして「豊栄パーキングエリア（現道の駅豊栄）」が設置された。トイレや軽食、売店を備えた休憩施設、情報ターミナルが設けられた施設で、一般道路でこうした施設が設けられたのは初めてであった。その後、一九九〇年三月に、島根県掛合町（現雲南市）に駐車場やトイレ、休憩施設、食堂、物産販売などが用意された「掛合の里」がふるさと創生事業により設置された。

この二つを先行事例として、一九九三年五月に道の駅がスタートしている。当初一〇三カ所だった登録数は、その後も増え続け、二〇一一年には全国で九七〇を数えるに至っている。登録数の増加と共に道の駅の認知度も高まり、同時に地域における道の駅の役割も大きく変わってきた。

スタート時は、「休憩機能」と「情報機能」「地域の連携機能」を備えた立ち寄りポイントであった道の駅が、徐々に地域産業振興の拠点としての機能を高め、現在の道の駅には中山間地域や農山村の振興の希望の星とされている農産物や海産物の「直売所」、「加工品」の販売、地

産地消の「レストラン」の三点セットというべきものを備えているところが増えている。(1)

さらに道の駅は、地域産業の振興を目的に、様々にその機能を高めている。本書で採り上げた一〇の道の駅も、先の三点セットを備えながらさらにその機能を高め、地域産業の振興に大きく貢献していた。ここでは、道の駅のこれからを考えるために、三点セットと地域産業の振興を整理し、今後の展開や課題を考えてみたい。

一　道の駅の新たな基本機能の三点セット

地域の恵みを提供する直売所

道の駅は、その登録数の増加とともに認知度が高まり、多くの地域で集客が期待できる施設になってきた。このため、新たに設置される道の駅には、集客力を活かして直売所が設置され、主役となっている場合も少なくない。また、本書で見た島根県飯南町の道の駅「頓原」や「赤来高原」のように、小さなスペースの直売所からスタートし、人気の高まりとともに本格的な農産物直売所に姿を変え、さらに人気を呼んでいる道の駅もある。

こうした道の駅の直売所は、農業や水産業などの地域産業の振興に大きな効果をもたらしている。一つは、直売所に出荷する農家などの収入を高める直接的効果があげられる。岩手県遠野市の道の駅「遠野風の丘」や栃木県小山市の「思川」では、農産物とその加工品で年間一〇〇〇万円以上も売り上げている農家もあった。これまで生産に徹し、販売は農協に依存していた農家が、直売所に出荷することにより、これまでなかった「価格決定権」と収入を得ていることも興味深い。

さらに、自らレジに立つことにより、自分の産品の売れ行きがわかるようになり、訪れた人びととの会話の中から消費者ニーズを知ることができるようになった。そして、そのニーズに対応して農産物を生産する。その結果が毎月自分名義の口座に振り込まれる。自分たちの努力が直接収入につながり、やりがいといった意識面での効果も生まれている。

こうした直接的効果のほかに、道の駅の直売所には間接的効果が多いことも見逃せない。道の駅の農産物直売所が成功すると、地域の農業にも変化がでてくる。これまでは、農協への出荷を前提としていたため、ある程度の生産規模を確保することが必要であった。しかし、直売所への出荷だけなら少ない生産量でも可能になり、一度はリタイヤした高齢者が再び参画できるようになる。高齢者が収入と一緒に生きがいを見つけていき、地域に新たな希望と喜びをもたらすことになる。

また、兵庫県猪名川町の道の駅「いながわ」で見たように、直売所での農産物販売量が伸びると、増量のために耕作放棄地や遊休農地の活用が進むといった大きな効果もみられる。

このように、道の駅における農産物や海産物の直売所は、農家や漁業者の収入増につながる直接的な効果に加え、眠っていた人材や農地などの地域資源を再び活かすことができるといった効果も大きく、直売所の設置と合わせてこの効果も上手に活かすことで地域産業の振興に大きく寄与できる。

地域の新たなビジネスを秘める加工品販売

直売所と並んで道の駅に欠かせないものが、地元の食材を使った加工品の販売であろう。本書で見た通り、こうした加工品の生産と販売では、地元の女性グループが活躍していることが少なくない。地元の女性が、地元の食材でひと手間かけた郷土の味を、ふれあいと一緒に提供することが、道の駅になくてはならない魅力のひとつになっている。

道の駅「遠野風の丘」では、女性グループ「夢咲き茶屋」が地元の米で作ったおにぎり、汁物のそば、伝統菓子の「かねなり」「きりせんしょ」などを作り販売している。道の駅「いながわ」では、ボランティアグループから始まった「いなの郷グループ」が味噌、すし、コロッケなどのほか、「いなっこまき」などお茶のいらないお寿司を作り人気を博していた。広島県北広島町の道の駅「舞ロードＩＣ千代田」でも女性加工グループ「早乙女たちの台所」の豆腐やトマトケッチャプ、惣菜、お弁当、「よりんさいや」が作る田舎寿司などが提供されていた。

こうした女性グループの加工品販売は、それだけを見ると小さなビジネスのようにみえる。しかし、小さいながらも地域の新たなビジネスにつながり、人びとに大きな希望を与えているのである。

このような取り組みは、気負わずに地域内の仲間たちで任意組織として、季節限定やイベントなどに合わせて加工品を作り、販売するところから始まる。そして、順調な売上があれば常時販売する形態に変えていくなど無理のない立ち上げをしている。そして、そこからやる気のあるグループは、農家レストランを開いたり、あるいは法人化を進め、大手百貨店の通信販売を使いながら全国展開するなど様々な挑戦を重ね、地域産業の活性化に大きく寄与しているのである[2]。

このように、道の駅の加工品販売は、これまで活躍できる場が少なかった地域の女性の就業機会の提供と収入の確保といった直接的効果に加え、地域のビジネスを生み出し活性化させる大きな可能性を秘めているといってよい。道の駅での地元食材などを使った加工品の販売は、地域産業の振興を考えると欠かせない機能となってきたのである。

道の駅を目的地化させる地産地消のレストラン

道の駅に欠かせないものの一つがレストランであろう。軽食だけの道の駅もあるが、集客や地域産業の振興をかかげる道の駅では、地元の「食」の魅力を積極的に提供しようとしている。

北海道深川市の道の駅「ライスランドふかがわ」では、地元のお米を使った釜炊き銀しゃり定食が人気を呼び、福岡県宗像市の道の駅「むなかた」のレストラン「おふくろ食堂はまゆう」では、地元宗像市産の旬の食材を用いた漁師料理、農家料理をカフェテリア方式で提供し人気を得ていた。いずれも、地元の食材を使った料理やふるさとの味である。また、高知県四万十町の道の駅「あぐり窪川」では、それまでのメニューを見直し地元食材を使うことを徹底し、四万十まるごと膳などのメニューをつくったことで客単価が上がっている。

道の駅のレストランでは、経営のノウハウや、話題性、味も期待できるホテルや一流レストランを誘致することも考えられる。しかし、人気の道の駅を見ると、求められている「食」は、一流どころよりも、地元の食材を使った伝統の味やその味に磨きをかけた地産地消のメニューであることがわかる。このため、道の駅の集客を考えるときには、レストランは地産地消のメニューを基本にすることが必要であろう。同時に地産地消のメニューは、地元農産物や水産物のPRにもつながり、域内調達率が高くなり波及効果が広がるといった利点も大きい。さらに、工夫次第では地元の企業が運営できることも見逃せない。

このように地域産業の振興を目的とした道の駅では、地産地消のレストランを基本にして、道の駅の魅力を高める効果や地域産業への波及効果を高めることを大切にするべきであろう。

二　高度化する道の駅の機能と今後の展開

道の駅は、先に見た農産物の「直売」「加工品」、そして地産地消の「レストラン」といった三点セットを基本に今後もその内面を高めて行くことが期待される。本書で見た道の駅でも地域産業の振興を目的に高い機能や仕組みを持つものがあった。それは、地域産業との関わりや成り立ちからすると、三つの方向性に分けることができる。

第一は、地域の農産物や海産物の直売を主に地域産業の振興を目指す「直売所・加工品販売機能を高める道の駅」、第二は、地域産品を地域ブランド化することまでを目指している「地域ブランドづくりを目指す道の駅」、そして三つ目は観光交流の振興を主眼に置いた「観光交流拠点を目指す道の駅」である。

実際は、この三つが相互に関連し合っているが、ここでは、三つの方向性ごとに、今後の道の駅の展開を考えてみたい。

「直売所・加工品販売機能を高める道の駅」の今後の展開

前述の通り、新たに設置される道の駅には、地域産業の振興を目的に直売所の設置と地元食

図終―1　道の駅の高度化の三つの方向性と三セット

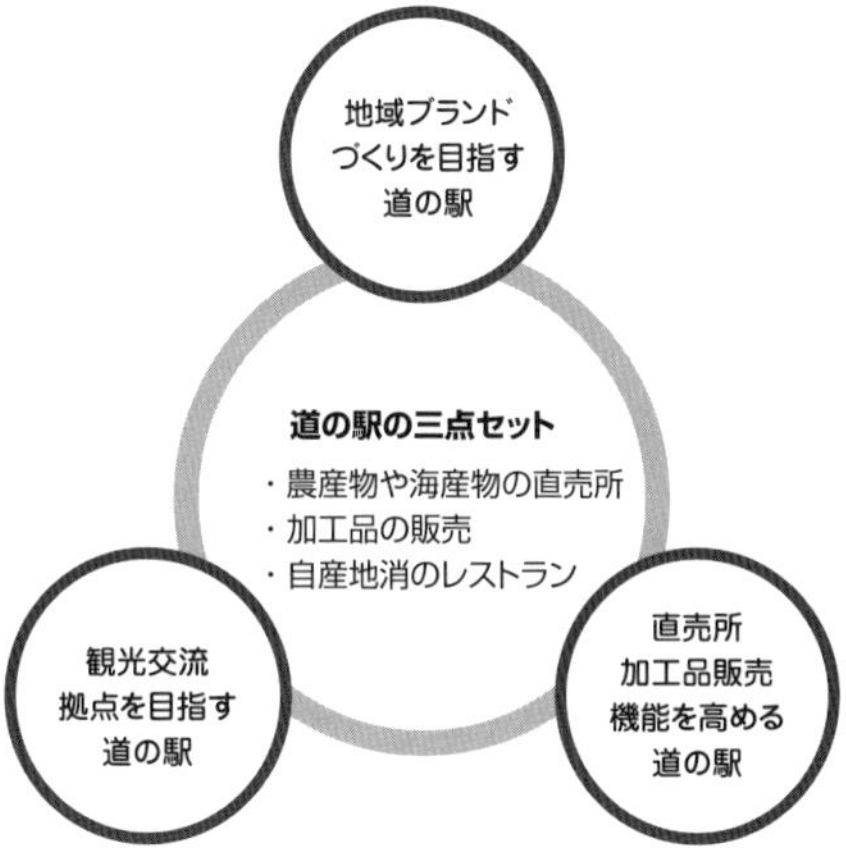

材の加工品を販売する場合が少なくない。その人気の高まりとともに都市近郊の道の駅では、直売所の規模の拡大、あるいは、その機能をさらに高める傾向にある。

しかし、道の駅の直売所の高度化を進める上での課題がないわけではない。道の駅の直売所の規模拡大に関連する課題としては、販売する農産物の量と種類の管理が指摘される。大規模な農産物の直売所では、農産物の収穫が同一時期に集中し、同一種類の農産物が道の駅に積み上げられ、売れ残る農産物が増える可能性が高くなる。販売する農産物などの管理システムの導入や道の駅「舞ロードＩＣ千代田」のように、標高差を活かし、農産物の出荷時期をずらして販売するといった管理と、消費者のニーズに合わせた工夫が必要であろう。

同時に、多様化する消費者ニーズに対応して、農家や集落営農の農業法人、農業参入した企業など多様な出荷者を確保しながら、多品種の農産物を販売することが求められる。また、地域によっては、冬季などの農産物の乏しい時期の対応が難しく、他地域からの農産物を仕入れて販売するといったことも課題なる。

このように、地域産業の振興のために道の駅に直売所を設置し、規模の拡大、機能の高度化を進めていく場合には、出荷者に販売の場所を提供する直売所から、農産物の量や種類、時期などを消費者ニーズに合わせてコントロールする機能を備えていくことが求められる。

次に加工品販売の高度化に目を向けると、その秘訣として新商品の供給力があげられる。せっかく地元産品を使った加工品を販売していても、いつ行っても変わらない商品では、利用者の足は遠のいてしまう。たとえ、ある商品が人気を得ても、その人気がいつまでも続く保証はない。むしろ必ず賞味期限がやってくると考えるべきであろう。リピーターを獲得するためにも二、三年で新たな加工品を出し、新鮮味を出していくことが求められる(3)。

「いながわ」では女性のグループ「いなの郷グループ」が試作品づくりに取り組む姿があった。

「ライスランドふかがわ」では、深川市や地元の大学との産学官の連携による農産物の加工品を開発する仕組みがあり、常に新しい商品を物販コーナーに並べることができる仕組みがあった。

このように、地元の食材を使った加工品を販売し地域産業の振興を目指す道の駅では、加工品を販売する場とあわせて、新たな加工品を創り出す仕組みを地域内にしっかりと持つことが不可欠である。この仕組みが、訪れる人びとを感動させ、リピーターを獲得し人気を得る道の駅の秘訣であり、道の駅による地域産業の振興をもたらすことにつながる。

「地域ブランドづくりを目指す道の駅」の今後の展開

地元の農産物や海産物、地元の加工品などが集まり、多くの人が訪れる道の駅は、地元の産品や加工品を広くPRする絶好の場である。この道の駅の機能をさらに高め、地元産品の地域ブランド化を狙う道の駅もある。

道の駅「思川」は、地域の基幹産業である農畜産業を見直し、小山ブランド創生の拠点として設置された道の駅である。道の駅には、加工工房が直売所を囲むように併設され、直売所で売られている産品が目の前でつくられている。このことにより、独自のにぎわいと一緒に産品をより印象深くしており、産品のブランド化とPR効果を高いものにしている。

また、「ライスランドふかわ」では、お米を地域ブランド化するために精米機を置き、お米の加工品を販売し、レストランでは釜炊き銀しゃり定食を提供していた。さらに、三点セットと言われる農産物の「直売所」「加工品販売」、そして地産地消の「レストラン」を、お米をテーマにすることで、お米の道の駅として知られるようになり、深川産のお米のブランド化につながっている。

このように、道の駅を活かして地域ブランド化を進めるには、道の駅で地域ブランド化を目指す産品を強く印象づける演出と、「直売所」「加工品販売」「レストラン」の三点セットを使い、産品を徹底して売り出すことが必要なのであろう。

次に地域ブランドづくりを目指す場合に必要なのが、商品やサービスのブランド管理である。道の駅「むなかた」では、ブランドづくりのための基準がつくられていた。宗像地域で生産されたもの、宗像市に深く関わるもの、市内で生産された農産品、市内の漁業者が捕獲した天然水産物といった基準に基づいて「むなかた季良里」という認定を行っている。地域ブランド化のためには、まずはこうした明確な基準を設け、消費者に安心感を提供することが必要であろう。この明確な基準が他の産品との差別化につながり、信頼の醸成となり、そして、地域ブランド化や付加価値を高めることになる。

さらに、「舞ロードIC千代田」には、地域ブランド化を進める場合にヒントとなる攻めの戦略もあった。出張産直がそれである。道の駅が集荷した野菜などを多くの人が訪れる広島市内のスポーツジムのあるホテルや地元スーパーのインショップ、文化センターなどで出張産直を行っていた。こうした出張産直は、売上効果に加えて、産地とのつながりをわかり易くPR

することができるため、その効果は格段に高い。こうした外への情報発信も地域ブランド化には求められる。

地元産品の地域ブランド化とは、産品と一緒に地域のイメージも届くようにしなければ、単なる人気商品をつくるだけに留まり、その寿命も波及効果も小さなものになってしまう。道の駅には、その地域のものを求めて訪れる人が多い。だからこそ、地域ブランド化を目指す場合には、産品の基準を明確にしながら、道の駅三点セットで強くPRし、地域のイメージと一緒にその産品を提供することが必要である。こうした道の駅が持っている可能性を上手に使い、その上に攻めの戦略を付加していくことが求められるのではないか。

「観光交流拠点を目指す道の駅」の今後の展開

地域によっては、観光交流産業の振興を目的に道の駅を設置することもある。観光交流の振興を目的とする道の駅では、道の駅にどのような機能を担わせるのかでその構成が変わる。観光形態が、団体旅行から個人や小グループを主体とした旅行すなわち「パーソナルツーリズム」に変わり、有名観光地を訪れる観光から、その地域の食や文化を訪ねたり、地域の人とのふれあいを求める観光になってきている。まさに、道の駅が地域との「出会いの場」ということになろう。移動も自家用車やレンタカーに変わり、高速道路料金の引き下げで、自動車を利用したドライブ観光が増加している。

また、発地側の旅行代理店が企画していた観光商品に替わり、観光客を受け入れる地域が観光商品を企画して販売する「着地型観光」の重要性が注目されている。このため、地域における観光交流の振興には、地域が自分たちの地域の資源を評価し、それらを活かした観光商品を企画し、情報発信し、さらにはマネジメントを行うことが求められている。そのため道の駅を観光交流拠点とする場合には、集客力と共にこうした機能も含めてどこまで担うかを考えることが課題とされている。

高い集客力の観光資源を持たない地域では、道の駅自体を集客装置にすることと、その効果をどのように地域にもたらすかを最初に考えることが必要であろう。

群馬県川場村の道の駅「川場田園プラザ」では、道の駅が集客装置となるように、ミルク工房やビール工房といった施設を備えることにより、観光目的地化することに成功した。しかし、その滞在時間は、二、三時間程度に留まっていた。道の駅を活かし観光交流産業を振興するためには、集客からさらに進めて地域の観光情報などを積極的に提供し、他の観光資源など地域を回遊させる仕組みを持つことが求められる。

例えば、道の駅に訪れた人に「農業体験」や「陶芸体験」、地域の歴史・文化施設と連携した「地域の歴史と文化めぐり」、地域の自然を楽しむ「アウトドア体験」などのアクティビティの紹介とその予約サービスを提供することも考えられる。もちろんこれらのサービスを提供するには、道の駅が地域の観光情報を可能な限り集め、それらを観光商品として造成する、着地型観光のコーディネート機能を備えることが不可欠であろう。

このように、道の駅を観光交流の拠点としていくためには、集客機能を高めるだけでなく、観光資源や体験メニューなどの情報を提供し、地域内を回遊し、訪れる人びと自らが何かを「発見」し、「交流」し、「感動」していく環境を用意していくことが肝要であろう。こうしたことを実現するには、地域の多様な資源の情報を集約し、訪れる人びとがそれらに自然に踏み込んでいける「出会いの場」として、道の駅が進化していくことが求められる。

三　地域産業振興を牽引する道の駅のこれから

道の駅の競争と共存の時代

全国の道の駅の数が九七〇となり、その数は今後も増えることが予想される。道の駅は、民間企業に近い業態のため、これまでもコンビニエンスストアやレストランなどとの競争があった。今後はその競争に加え、近隣の道の駅との競争も考えなければならない。一方で、本書で紹介した島根県飯南町の道の駅「頓原」と「赤来高原」など、合併によって一つの自治体に複数の道の駅が存在し、競争と同時に共存も考えなければならない場合もある。

競争と共存を考えるときには、全国的に進められている日本風景街道や北海道のシーニックバイウェイ[4]などの活動と連携し、ルート全体で魅力と集客力を高め、訪れた人に回遊してもらえるようにし、その中でそれぞれの個性を発揮しながら競争することなどが考えられるのではないか[5]。道の駅は、一つの道の駅だけでがんばるのではなく、それぞれの個性を活かしながら連携し、全体で魅力を高めることが、競争の時代に入った道の駅の一つの戦略になるのではないかと思う。こうした広域で道の駅のあり方を考えることが、道の駅を活かして地域産業を振興させることにもつながるであろう。

「発見」と「感動」による新たな「価値」の創造

道の駅は今後も地域産業の振興の窓口として、あるいは人びとの地域との「出会いの場」として期待され、その機能を高めていくことが予想される。本書で見てきた道の駅も地域産業の振興の牽引役として様々な機能や仕組みを備えていた。

一方でそこには、訪れた人がやすらぎを感じるふるさとの「空気」や人びとの「思い」があったように思える。直売所に立つ地元の女性の笑顔や地域の味を伝えてくれる加工品、地元の味が詰まった地産地消のレストラン。こうしたものは、国道沿いなどにあるコンビニエンスストアやファミリーレストランなどとは異なり、地域の人びととの「思い」を深く表現するものであり、訪れる人びととの間の「交流」を通じて、「発見」と「感動」を媒介に新たな「価値」を生み出しているように思う。

このように「発見」と「感動」を通じて新たな「価値」を創造する「場」が「道の駅」なのであろう。それは地域の人びととの「思い」の重なりとの「出会い」ということができる。道の駅に訪れる人たちはそこに新たな「価値」を見出し、「豊か」な、「成熟」した時代に踏み込んでいることを実感していくことになろう。そのような「場」として道の駅が進化していくことが期待される。

（1）関満博・松永桂子編『農産物直売所／それは地域との「出会いの場」』新評論、二〇一〇年、を参照されたい。

（2）関満博・松永桂子編『「農」と「食」の女性起業——農山村の「小さな加工」』新評論、二〇一〇年、を参照されたい。

（3）大下茂『行ってみたい！　と思わせる「集客まちづくり」の技術』学陽書房、二〇一一年、を参照されたい。

（4）風景街道ホームページ（http://www.mlit.go.jp/road/sisaku/fukeikaidou/index.html）

（5）シーニックバイウェイホームページ（http://www.scenicbyway.jp）

補論

地方創生、人口減少、高齢化の中の道の駅

関　満博

二〇一四年の地方創成会議による「ストップ少子化・地方元気戦略」の問題提起、その後の増田寛也氏による『地方消滅』（中公新書、二〇一四年）は、人びとに大きな衝撃を与えた。以来、安倍政権においても「地方創生」が最重要課題の一つとなっている。各市町村に対して大きな予算措置が行われ、各地で「地方創生」のための計画書が作成されている。それらの幾つかを眺めると、いつものように、上から降りてきたものをとりあえず形にするというに過ぎない場合が少なくない。地域のサイドの継続的な取組みにより、具体的な成果を上げていくことを期待したい。

現在上がってきている各地の「計画書」には、いずれにおいても農畜水産物や加工品の直売、六次産業化の推進、道の駅の設置・充実が記されている。この二〇年ほどの間に地方で最も成功した取組みが「道の駅」ということなのであろう。当初は国土交通省の事業として開始されたが、直売、加工、六次産業化という地域のサイドのうねりと合体し、意外な成功を収めてきた。一九九三年四月の第一回登録から二三年を数えるが、道の駅の設置は当初のイメージの一

〇〇〇カ所を超え、一〇七九カ所に及び、さらに増加する気配を示している。周囲の道の駅の成功に刺激されてスタートすることが多いが、全体的に試行錯誤を重ね、魅力的なものになっている場合が少なくない。スタートから二三年、道の駅も進化を重ねているのである。

この補論では、東日本大震災の前後の頃から問題にされてきた防災[1]、そして特に地方の人口減少、高齢化の進展を意識しながら、道の駅のこれからの課題と可能性をみていくことにしたい。

一　道の駅と農産物直売所

序章で指摘したように、道の駅は「道路にも駅があってもいいのではないか」という発言からスタートしている。これだけモータリゼーションが進んだにも関わらず、一般道には休憩する場所、トイレもなかった。このような時代の要請が道の駅を生み出す背景となっていった。

この点、高速道路（自動車専用道路）には約一〇キロメートル間隔でサービスエリア、パーキングエリアが設置されていた。簡易なものはトイレ、小さな休憩所、飲料の自動販売機が備えつけられているだけであった。かなり大きなサービスエリアでは、大きなトイレ、お土産品の販売施設、簡易な飲食の場、さらにガソリンスタンドが設置されている場合も少なくない。

高速道路利用者にとっての最低限の施設、機能が用意されていた。

本書の第8章で紹介した新潟市の道の駅「豊栄」が象徴しているように、当初の道の駅の施設構成は限りなく高速道路のサービスエリアに近いものであった。広大な駐車場、二四時間利用可能なトイレ、電話、情報センター、休憩施設、軽食施設、簡易なお土産品売場から構成されていた。それでも、道の駅の発祥の地の一つとされる島根県雲南市の道の駅「頓原」や、序章でみた当初の社会実験では「農産物直売」の意外な役割が認識されていた。

そして、当初の道の駅は、道路利用者のための「休憩機能」、道路利用者や地域の方々のための「情報発信機能」、町と町とが手を結び活力ある地域づくりを共に行うための「地域の連携機能」の三つの機能を併せ持つ形でスタートしている。

農産物と加工品の販売により劇的に変化

この道の駅を劇的に変えたのが、農産物、加工品の直売であった。それまでの高速道路のサービスエリアのお土産品は地域との関わりは極めて乏しいものであった。サービスエリアや温泉地のお土産品の包装はその地域の装いを示しているものの、実態は他の地域で作られているものであった。この世界では、珍味は函館、漬物は信州北部、饅頭等の日持ちのする菓子類は石川県加賀市のものとされている。専門の業者が注文を受け、一通りの商品構成を提示してくるものであった。実は、どのサービスエリア、温泉地のお土産品売場も内実はほとんど変わりのないものであった。

このような状況で道の駅はスタートしたが、一九九〇年代中盤の頃は、全国的に農産物の直売所(2)、農村女性たちによる農産物加工(3)が勃興し始めた時期であり、集客力のある道の駅に着目した地元の人びとは、建物の軒先を借り、あるいは、駐車場の一角にテントを張り、農産物、加工品の販売を始めていく。そして、これらの農産物、加工品の直売が道の駅の中で最も人気のあるものになっていった。当初の社会実験でも、農産物、加工品の人気が高いことが指摘されていたのだが、しばらくは道の駅の施設の中に、専用の農産物直売施設が設置されることは少なかった。

農家女性たちによる農産物直売所のスタート

一九九〇年代中頃以降の日本の農山村の最大の変化の一つは、農産物直売所の登場であろう。戦後日本の農産物流通の基本はJAによる厳しい共販、系統流通であり、農家は生産物の全てをJAに提供することとされていた。ただし、数の揃わないもの、見掛けの悪いものは拒否され、破棄することを求められた。このような事情の中で、戦後まもなくの頃から農村女性たちは「もったいない」として自宅の軒先に「無人販売所」を設置していく。こうした動きは全国に拡がっていった。

一九八五年前後になると、この無人販売所をもう少し本格的にやりたいという動きが出てきた。当初は小屋掛けに戸板を並べるというものであった。このような動きに対して、JAからは妨害された、あるいは無視されたといわれている。この有人の農産物直売所がブレークするのは一九九〇年代中頃、一気に全国に燎原の火のごとく拡がっていった。当時は、一九六〇年代の頃から農山村に進出していた縫製などの工場が一気にアジア、中国に移管される時期でもあり、農山村パート女性たちの去就が懸念されたのだが、彼女たちは一気に農産物の直売、そして、農産物加工に移行していったことは興味深い。農産物直売所の普及が、そのようなことを可能にしていったのであった。

このような動きをJAは否定的にみていたのだが、農産物直売所のあまりの人気ぶりに、二〇〇〇年代に入ってからは、JA自身が農産物直売所を展開する場合も増えていった。その結果、二〇一五年現在、全国の有人の農産物直売所は約二万二〇〇〇カ所、売上額の推定では約一兆円市場とされている。縮小の続く日本経済の中で、この市場規模では唯一の成長産業部門であり、売上額、件数もさらに増加しているのである。

農産物直売所がもたらしたもの

この農山村女性たちによる農産物直売所の意義は大きく三つある。

一つは、農村女性が日本の歴史上、初めて預金通帳を手にしたということである。戦後日本の農業は兼業化が進み、同時に水稲栽培に傾斜していく。男性は勤めに出て、休日に水稲栽培に従事する。女性は農地の保全、いくばくかの自家用の野菜栽培、家事、育児、パート、親の介護までを求められた。ただし、ＪＡに出荷した農産物の代金は組合員である世帯主の口座に振り込まれる。女性は預金通帳を手にすることはなかったのである。

この点、農産物の直売は主として女性たちの事業であり、女性たちは預金口座を開設していく。直売所のレジでそのような点が話題になると、女性たちはいっせいに「これまでの人生で、こんなに嬉しいことはなかった」と歓声を上げる。このことの意味は大きい。直売や加工品の生産に意欲的に向かっていくことになる。

二つ目は、女性たちがレジに立ち、客と直接接したという点であろう。これまでのＪＡを軸にする農産物流通では、自分の作ったものがどこに売られ、だれに買ってもらったのか全く不明であった。この点、直接に消費者と接することにより新たな認識を得ることになる。客とのコミュニケーションの中から失われていた伝統作物の復活、あるいは新たな野菜の栽培などを重ね、直売所を豊かなものにしていった。農村女性たちが中心の農産物直売所はスーパーなどにはない農産物が販売されているのである。このことの意味は大きい。戦後の農産物流通はほぼＪＡに一元化され、大量流通に乗るものに限定されてきた。直売所はそのような事情を突破し、女性たちに新たな可能性を認識させたのであった。

三つ目は、女性たちの「もったいない」精神により、残り物に新たな命を与えたことであろう。惣菜などの農産加工品の開発、さらには地産の農村レストランにまで発展していくケースも少なくない。そして、農産物直売所、農産物加工、農村レストランの三点セットというべきものが各地に拡がっていった。それは農山村に新たな「希望」を導くものであった。

道の駅と農産物直売、加工品の意義

このように、当初の道の駅はかぎりなく高速道路のサービスエリアに近いものであったが、二〇〇〇年代に入る頃からは、道の駅の物販の中で、地元の農産物や加工品の直売の比重が増えていく。さらに、二〇〇〇年代の中盤以降に計画された道の駅は当初から農産物直売のスペースを大きくとるものになっていった。また、お土産品についても他でつくられたありふれたものから、次第に地域色豊かなものに置き変わっていった。

このあたりから、道の駅の人気が高まっていった。それは道の駅の当初の三つの機能に、「地域産業拠点」としての意味が付け加わったことを意味しよう。在来の農産物直売所に比べ

道の駅は立地条件も良く、集客力が格段に違う。農山村の人びとは道の駅の直売施設に農産物、加工品を持ち込むことになっていく。実際、消え去りかかっていた地域の特産品が道の駅への出荷によって生き返ったケースも報告されている。道の駅は地方圏の地域産業振興に大きな影響を与えたのである。

ただし、この反面、新たな問題も生じさせている。一つは、直売所の規模が大きくなり、専門のレジで対応することが普通になり、生産者と消費者の出会いの場が少なくなってしまったことが指摘される。また、小さな農産物直売所が道の駅に統合され、全体としては事業的には拡大するものの、高齢の女性たちが出荷しにくくなったことなども指摘されている。さらに、飲食の提供においては、現在のところ魅力的な郷土料理を提供するケースは非常に少ない。サービスエリアの飲食部門のレベルである場合が多い。このあたりは今後の課題ではないかと思う。

いずれにしても、道の駅は農産物、加工品の直売と巡り合い、新たな境地を導き出した。それは、地域的な特色を表現し、さらに、そこに出荷してくる生産者に新たな希望を与えた。この地元の農産物、加工品の直売、そして地元の人びととの出会いが、現在では道の駅の最大の特色、吸引力になっているのである。

二　道の駅のこれから

道の駅の登録には幾つかの要件がある。国土交通省は最近の登録要件を以下のように定めている。

休憩機能　駐車場・利用者が無料で二四時間利用できる十分な容量を持った駐車場
　トイレ・利用者が無料で二四時間利用できる清潔なトイレ
・障害者用も設置

情報提供機能・道路及び地域に関する情報を提供（道路情報、地域の観光情報、緊急医療情報等）

地域連携機能・文化教養施設、観光リクリエーション施設などの地域振興施設

設置者・市町村又は市町村に代わり得る公的な団体

その他の配慮事項・施設及び施設間を結ぶ主要経路のバリアフリー化

また、二〇〇四年の中越地震、二〇一一年の東日本大震災以降、道の駅の防災機能が注目され、自家発電設備の設置、燃料、毛布、食料などが公共サイドから順次配備されるようになってきた。道の駅は、当初の三つの機能に加え、地域産業振興拠点、防災拠点としての意味を深

めてきたのである。

また、道の駅については、当初から、国土地理院の地図に掲載されること、さらに、公式の道路標識が設置されることも一つのインセンティブとされてきたが、二〇一四年四月一日には「道路標識、区画線及び道路表示に関する命令」が改正され、道の駅の案内標識の設置が初めて公式に定められた。

このような中で、二〇一五年一一日には第四四回目の登録（二〇件）が行われ、累計の登録数は一〇七九件となった。二三年が経ち、一〇〇〇件を超えた現在でも、まだ登録意欲は高く、全国約一七四〇の市町村の中で、都市部を除いた市町村では各一カ所は設置していくのではないかと思う。現在、一市の中に複数の道の駅を抱えているところもあるが、それは二〇〇五年前後の平成の大合併以前に旧町村が設置したものが少なくない。

このように、この二三年、道の駅は人びとから注目され、進化を重ねてきた。その道の駅、これからはどのようになっていくのかが問われる。また、登録された道の駅の他に類似の施設も大量に登場している。さらに、人口減少、高齢化の中で、集約された小さな農産物直売所以降の問題も気にかかる。以下では、こうした問題にふれていこう。

広域型に展開する類似施設

群馬県前橋市に本社を置くファームドゥ㈱。一九九四年に設立され、農業資材専門店「ファームドゥ農援S'」から始まり、その後、農業資材、農産物・特産加工品直売所、飲食部門から構成される「食の駅ぐんま」、首都圏を中心に展開するコンビニ規模の農産物直売所「地産マルシェ」、さらに、農業生産法人の㈲ファームクラブ、新たな農産物加工技術への取組み、太陽光発電と組み合わせた「ソーラーファーム」など、幅の広い展開に踏み出している(4)。現在、北関東で最も注目される農業系の企業である。売上額規模約八三億円、従業員数八〇〇人（正社員は約一〇〇人）に達している。

創業者の岩井雅之氏（一九五四年生まれ）は、ホームセンターのカインズホームに勤めた後、「農業資材のデパート」を意識して創業している。この事業は順調に進み、毎年群馬県内に出店し一〇店舗（ファームドゥ農援S'）となった。ただし、その内の一店舗の業績が芳しくなく、新たな業態を模索し、比較的順調であった農産物直売の部門に着目、「食の駅」の構想に至った。農産物を供給してくれる周辺の農家五〇〇〇戸と、県内のこだわりの食品を生産している中小企業に注目、それをベースに商品構成をイメージし、二〇〇四年、「食の駅ぐんま吉岡店」を開店している。

この「食の駅ぐんま吉岡店」、農産物直売所の「Farmdo農家の野菜」、県内特産物のコーナー、食・農業関係の資材の販売部門、レストランが併設されている。これら農産物、加工品は群馬県内にこだわっていた。規模的には普通の道の駅と変わらない。二四時間利用可能なトイレ、情報センターが付いていないだけである。利用者はほとんど道の駅と同じような感覚で利用していた。そして、この「食の駅ぐんま」は群馬県、埼玉県を中心に一四店舗を展開している。さらに、同じ二〇〇四年には首都圏への出店を考え、コンビニエンスストアの空店舗に注目、店舗面積四〇坪ほどの農産物直売「地産マルシェ」を設置、現在では首都圏を中心に一六店舗を展開、五〇〇〇戸の農家を背景にする群馬の物流センターから直接持ち込まれる野菜が新鮮として歓迎されているのであった。

このような道の駅と類似した施設が各地で設置されている。先の道の駅の設置要件である市町村のような公的な団体でない場合（「食の駅ぐんま」）、あるいは、公的な団体が設置した場合でも二四時間対応ができない場合などが顕著にみられる。さらに、鹿児島県、宮崎県あたりの漁業集落などの場合は、漁協をベースにした魅力的な漁師料理の提供、鮮魚や水産加工品の直売を軸にしている場合も少なくない（例えば、鹿児島県日置市の「江口蓬莱館[5]」）。これらも道の駅の要件を満たさない。

このように、国土交通省登録の「道の駅」の他に、類似施設が各地に設置されてきた。中には、将来的な「道の駅」登録を目指している所もあるが、そうではない所もある。それだけ多様化してきたということであろう。地域産業振興拠点の観点からすると、道の駅の登録は集客に大きく寄与しようが、そうでなくとも民間経営で商品などに魅力があれば十分に集客も期待できる。また、販売地域の広域化も進み、生産者にとっても新たな流通経路として歓迎されている。実際、「食の駅ぐんま」「江口蓬莱館」などを訪れると、ほぼ道の駅と変わらない。むしろ、賑わっている部分もある。このような施設は、人びとも防災拠点としても期待するのではないか。こうして点も視野に入れた対応が求められるように思う。

農産物直売所と道の駅の未来

全国の有人の農産物直売所は約二万二〇〇〇カ所、このうち約一〇〇〇カ所は道の駅に付設されているのであろう。道の駅も農産物、加工品の直売部門を受け入れることにより魅力を増してきた。この農産物直売所、スタートしてから約三〇年、ブレークしてから約二〇年、農山村地域の活性化に大きく寄与してきた。中には、道の駅の設置に伴い集約されていった場合もある。それでも約二万一〇〇〇カ所が動いている。そして、従来から「庭先集荷」[6]などを行ってている場合も少なくないが、近年の人口減少、高齢化の急進展の中で新たな役割が求められてきた。

岩手県北上市の山間地の口内町（旧福岡村[7]）、昭和の大合併時の一九五四年に合併し、北上市口内町とされている。合併直前の頃の人口は約三八〇〇人を数えたが、二〇一〇年には半数以下の一七〇三人となった。この口内町は林業が盛んであったのだが、一九七〇年代以降、林業が衰退、農業による地域活性化に踏み出していく。そのために、農林産物の直売所の設置を目指していく。その際、口内町のほとんどの世帯が一口三万円の出資に応じた。一九九八年、農林産物直売所の「あぐり夢《む》くちない」がスタートしている。農林産物、加工品の直売、飲食部分の設置であった。以前から農村高齢女性宅への庭先集荷にも従事していた。売上額は一億円を超えている。規模的には小さな道の駅と変わらない。

この「あぐり夢くちない」を訪れると、農林産物関係に加え、精肉、鮮魚、惣菜、日用品まで置いてあることに気付く。人口減少と高齢化により、町内の食料品店、飲食店が全て閉鎖となった。そのための対応であった。配達にも応じていた。さらに、別のNPO法人を設立、弁当、惣菜の生産配達、過疎地・福祉有償運送にまで踏み込み、高齢者の買い物支援、通院支援まで行っていた。農林産物直売所が山間地の「買い物弱者」対策にまで踏み込んでいるのである。(8)

地方圏の人口減少、高齢化は急角度に進んでいく。人口が減少し、高齢化が進む中山間地域の旧町村の範囲では、食料品店が全てなくなってきた場合も少なくない。そのような事情の中で、地域にとって買い物弱者対策は重大な社会課題となってきた。旧町村の範囲でほぼ一カ所が設置されている道の駅、道路利用者を焦点に興味深い進化を遂げてきたが、次の課題は地域の高齢化に伴う「買い物弱者」支援となろう。いわば、「人びとの暮らしを支える機能」がもとめられているということであろう。「あぐり夢くちない」の取組みは、こうした課題に対する先駆的なものとして注目される。

地域の人びとの暮らしを支える

このように、道路利用者の利便性を高めるものとしてスタートした「道の駅」、特に、地元の農産物、加工品を取り込むことにより、魅力的な施設として注目され、進化を重ねてきた。地域にとっては、産業振興拠点としての意味が深まっていった。また、地域によっては最も賑わいのある商業施設となり、あるいは、唯一の商業・飲食施設となってきた場合も少なくない。

地域の産業振興には大きく三つの側面がある。一つは外貨（所得）を獲得していくこと、二つ目は人びとに雇用の場、仕事の場を創出していくこと、そして、三つ目に人びとの暮らしを支えることであろう。道の駅の二三年は、特に地域の農業者、第一次産業従事者に新たな所得、雇用、仕事の場を提供するものになった。従来のＪＡを中心とした大量流通体系の中に組み込まれ、仕事の価値を見出しにくかった人びとに、新たな「希望」を与えてきたことの意味は大きい。

他方、人口減少、高齢化は進む。地域に食料品店がなくなりつつある。また、高齢で店までたどり着けない人びとも増えてきた。この人びとに対してその暮らしを支えていく必要性は高い。このような課題に対し、地域の唯一の産業拠点、商業施設になりつつある道の駅に期待される点は大きい。岩手県北上市の山間部にある農林産物直売所「あぐり夢くちない」の取組みは、農産物直売所、道の駅のこれからに一つの可能性を付加したものとして注目される。

（1）東日本大震災時の道の駅の被災と対応等については、関満博・松永桂子編『震災復興と地域産業3　生産・生活・安全を支える「道の駅」』新評論、二〇一三年、で議論してある。この点については、主にそちらを参照されたい。

（2）農産物直売所については、田中満『人気爆発　農産物直売所』ごま書房、二〇〇八年、関満博・松永桂子編『農産物直売所／それは地域との「出会いの場」』新評論、二〇一〇年、を参照されたい。

（3）この点については、関満博・松永桂子編『「農」と「食」の女性起業』新評論、二〇一〇年、を参照されたい。

（4）ファームドゥ、及び「食の駅ぐんま」については、関満博『地域産業の「現場」を行く　第9集』新評論、二〇一六年、第245話、を参照されたい。

（5）「江口蓬莱館」については、関満博『鹿児島地域産業の未来』新評論、二〇一三年、第5章、を参照されたい。

（6）「庭先集荷」については、中山間地域問題の焦点とされる高知県、島根県のあたりでの取組みが目立ち始めている。高知県については、社団法人高知県自治研究センター『コミュニティ・ビジネス研究　二〇〇七年度年次報告書』二〇〇八年、関満博『6次産業化と中山間地域』新評論、二〇一四年、補論I、島根県については、有田昭一郎「中山間地域の農産物直売所」(関満博・松永桂子編『中山間地域の「自立」と農商工連携——島根県中国山地の現状と課題』新評論、二〇〇九年、第8章)を参照されたい。

(7) 北上市の郊外の口内町の農林産物直売所「あぐり夢くちない」については、関満博『「農」と「食」の農商工連携』新評論、二〇〇九年、II、同『中山間地域の「買い物弱者」を支える』新評論、二〇一五年、第8章、を参照されたい。

(8) このような「買い物弱者」問題と対応については、関、前掲書を参照されたい。

執筆者紹介

関　満博　（序章、第3章、第8章、第9章、補論）

酒本　宏　（第5章、終章）

畦地和也　（第1章）
1958年　高知県生まれ
1977年　高知県立中村高等学校卒業
現　在　高知県黒潮町教育委員会教育次長

大西達也　（第2章）
1966年　兵庫県生まれ
1989年　早稲田大学法学部卒業
現　在　㈱日本政策投資銀行地域企画部地域振興グループ課長

立川寛之　（第4章）
1970年　神奈川県生まれ
1993年　東京農工大学農学部卒業
現　在　八王子市都市戦略部都市戦略課長

松永桂子　（第6章）
1975年　京都府生まれ
2005年　大阪市立大学大学院経済学研究科後期博士課程単位取得
現　在　大阪市立大学大学院創造都市研究科准教授　博士（経済学）

梅村　仁　（第7章）
1964年　大阪府生まれ
2012年　大阪市立大学大学院創造都市研究科後期博士課程修了
現　在　文教大学経営学部教授　博士（創造都市）

中澤裕子　（第10章）
1984年　広島県生まれ
2010年　一橋大学大学院商学研究科修士課程修了
現　在　一般社団法人RCF

編者紹介

関《せき》 満博《みつひろ》

1948年　富山県生まれ
1976年　成城大学大学院経済学研究科博士課程単位取得
現　在　明星大学経済学部教授　一橋大学名誉教授　博士（経済学）
著　書　『6次産業化と中山間地域』（編著、新評論、2014年）
『中山間地域の「買物弱者」を支える』（新評論、2015年）
『東日本大震災と地域産業復興 Ⅰ～Ⅴ』（新評論、2011～16年）他

酒本《さけもと》 宏《ひろし》

1962年　北海道生まれ
1985年　北見工業大学土木工学科卒業
現　在　㈱KITABA 代表取締役社長　技術士（建設部門・総合技術監理部門）
著　書　『「エコタウン」が地域ブランドになる時代』（共著、新評論、2009年）
『農産物直売所／それは地域との「出会いの場」』（共著、新評論、2010年）
『「村」の集落ビジネス』（共著、新評論、2010年）他

〔増補版〕道の駅／地域産業振興と交流の拠点

2011年7月5日　初版第1刷発行
2016年7月10日　増補版第1刷発行

編　者　関　満博
　　　　酒本　宏
発行者　武市一幸

発行所　株式会社 新評論

〒169-0051　東京都新宿区西早稲田3-16-28
http://www.shinhyoron.co.jp
電話　03（3202）7391
FAX　03（3202）5832
振替　00160-1-113487

落丁・乱丁本はお取り替えします
定価はカバーに表示してあります

装　訂　山田英春
印　刷　神谷印刷
製　本　中永製本所

©関　満博・酒本　宏他　2016

ISBN978-4-7948-1043-4
Printed in Japan

JCOPY　〈（社）出版者著作権管理機構 委託出版物〉

本書の無断複写は著作権法上での例外を除き禁じられています。複写される場合は、そのつど事前に、（社）出版者著作権管理機構（電話 03-3513-6969、FAX 03-3513-6979、E-mail: info@jcopy.or.jp）の許諾を得てください。

■ 大好評！〈日本の地域〉を考える本 ■

関 満博・松永桂子 編
震災復興と地域産業 3 生産・生活・安全を支える「道の駅」
震災後、安全確保・物資供給・生産者支援の拠点となった東北の11駅の奮闘記！
（ISBN978-4-7948-0943-8 四六並製 220頁 2500円）

関 満博・松永桂子 編
「農」と「食」の女性起業 農山村の「小さな加工」
戦後農政の枠組みを超えて自立する農村女性たちが拡げる「信頼」と「感動」の輪！
（ISBN978-4-7948-0856-1 四六並製 236頁 2500円）

関 満博・松永桂子 編
「村」の集落ビジネス **中山間地域の「自立」と「産業化」**
集落営農，農事法人化，直売所…地元の資源に新たな命を吹き込む先進的取り組み。
（ISBN978-4-7948-0842-4 四六並製 218頁 2500円）

関 満博・松永桂子 編
農産物直売所／それは地域との「出会いの場」
農村女性の「思い」の結晶・直売所から，農・食・地域経済の未来が見える！
（ISBN978-4-7948-0828-8 四六並製 248頁 2500円）

関 満博・松永桂子 編
農商工連携の地域ブランド戦略
直売所・加工場や農村レストランなど，条件不利 11 地域の先進的取り組み。
（ISBN978-4-7948-0815-8 四六並製 248頁 2500円）

関 満博 編
「エコタウン」が地域ブランドになる時代
地元の資源を未来の世代に豊かにひきつぐための未来型＝循環型まちづくり。
（ISBN978-4-7948-0812-7 四六並製 254頁 2500円）

関 満博・遠山 浩 編
「食」の地域ブランド戦略
豊かな暮らしの歴史と食の文化に根ざす〈希望のまち〉を築き上げる取り組み。
（ISBN978-4-7948-0724-3 四六上製 226頁 2600円）

関 満博・足利亮太郎 編
「村」が地域ブランドになる時代 個性を生かした10か村の取り組みから
「平成の大合併」後，人びとの思いが結晶した実践から展望する「むら」の未来。
（ISBN978-4-7948-0752-6 四六上製 240頁 2600円）

関 満博・及川孝信 編
地域ブランドと産業振興 自慢の銘柄づくりで飛躍した９つの市町村
自立，成熟社会・高齢社会を見据え，独自の銘柄作りに挑戦する取り組みを詳細報告。
（ISBN978-4-7948-0695-6 四六上製 248頁 2600円）

＊表示価格はすべて消費税抜きの本体価格です